KITA-QUALITÄT – PRAKTISCH GESTALTEN

PEERGROUP-EINGEWÖHNUNG

Für Kita, Krippe und Kindertagespflege

Anja Cantzler

Verlag an der Ruhr

IMPRESSUM

Titel
Kita-Qualität praktisch gestalten
Peergroup-Eingewöhnung – Für Kita, Krippe und Kindertagespflege

Autorin
Anja Cantzler

Umschlagmotive
vorne: Herz-Logo © Gembuls, Foto © veryulissa – beide Shutterstock.com
hinten: Handabdrücke © Andrea Wilhelm – stock.adobe.com

Illustrationen
Herz-Logo © Gembuls – Shutterstock.com, alle Icons © Verlag an der Ruhr

Lektorat
Christine Schlitt

Satz und Layout
Melanie Reich

Druck
Athesia Druck GmbH, Bozen, IT

Verlag an der Ruhr
Mülheim an der Ruhr
www.verlagruhr.de

Geeignet für Erzieher*innen, Kita-Leitungen und pädagogische Fachkräfte

1. Auflage, 2. Druck 2025
ISBN 978-3-8346-6034-3

INHALTSVERZEICHNIS

INHALTSVERZEICHNIS

VORWORT
MEIN WEG ZUR PEERGROUP-EINGEWÖHNUNG

Wie alles begann

Seit fast 30 Jahren beschäftige ich mich bereits mit dem **Thema Bindung und Eingewöhnung**. Eigentlich fing alles damit an, dass ich während meines Anerkennungsjahres in einem Kindergarten erstmalig Kinder im Alter von vier Jahren eingewöhnte. Obwohl ich bei näherer Betrachtung heute nicht von einer Eingewöhnung sprechen würde. Die Kinder wurden alle am ersten Tag zwischen 8.00 und 9.00 Uhr gebracht und blieben sofort bis zum Mittag – selbstverständlich ohne Eltern. Eltern waren damals allgemein unerwünscht und Kinder mussten funktionieren. Nicht alle Kinder haben auf Anhieb kooperiert. Das wurde dann ganz schön anstrengend – für die Kinder, für uns Fachkräfte und ganz bestimmt auch für einige Eltern. Ich weiß noch sehr gut, dass ich nach solch einem Arbeitstag völlig fertig war. Ich vermute, den Kindern und Eltern ging es ganz ähnlich.

In meinen beiden folgenden Arbeitsstätten gab es immerhin schon ein bisschen mehr Empathie für den Abschiedsschmerz der Eltern. Liebevoll begleitete ich die Eltern regelmäßig zum Auto und versprach anzurufen, wenn das Kind nicht zu weinen aufhörte. Das Kind musste weiterhin kooperieren und es galt die weitverbreitete Meinung, dass die Kinder am besten ohne Eltern durch den Abschied kämen. Immerhin blieb ich ganz nah beim weinenden Kind und spendete ihm Trost und Zuwendung.

1995 übernahm ich dann meine erste Leitungsstelle und führte für unsere jüngeren Kinder – wir nahmen bereits Kinder ab vier Monaten auf – die elternbegleitete Eingewöhnung ein. Mir war ein möglichst sanfter und kindorientierter Übergang von der Familie zur Kita sehr wichtig. Heute würden wir von einem **bedürfnisorientierten Ansatz** sprechen, der Kinder und Eltern ernst nimmt.

Erste Schritte als Weiterbildnerin

2001 machte ich mich als Referentin in der Weiterbildung selbstständig und widmete mich der Bildung, Betreuung und Erziehung von Kindern von null bis drei Jahren. Die Themen Bindung und Eingewöhnung erhielten dabei einen großen Stellenwert. Ich lernte das **Berliner Eingewöhnungsmodell** kennen und schätzen. Es bestätigte mich im Nachhinein, auf dem richtigen Weg gewesen zu sein, und ich war überzeugt, dass hier die Zukunft für den Übergang in der Kinderbetreuung liegt.

Am Anfang traf ich auf viele Widerstände bei den Fachkräften. Mir begegneten Sätze wie: „Wofür soll das gut sein?", „Das irritiert die Kinder doch nur, wenn Eltern so lange bleiben", „Uns hat das doch auch nicht geschadet".

Glücklicherweise ließen sich aber auch damals schon viele Fachkräfte davon überzeugen und probierten es einfach in der Praxis aus. Auch gab es neben mir viele Weiterbildende, die sich für das Berliner Eingewöhnungsmodell starkmachten. Viele Jahre referierte ich ergänzend hierzu über die klassische Bindungstheorie nach Bowlby und Ainsworth.

Das Berliner Modell wird Standard

Das Berliner Eingewöhnungsmodell wurde zum Standard für die pädagogische Arbeit mit Kindern unter drei Jahren und fand darüber hinaus oftmals auch Anwendung bei älteren Kindern. Zu diesem Modell gesellten sich in der Folge weitere Modelle wie z. B. die sanfte Eingewöhnung nach Reggio und **das Münchner Eingewöhnungsmodel**l.

2015, im Jahr der Ankunft vieler Geflüchteter, begann ich erstmals, das Berliner Eingewöhnungsmodell zu hinterfragen. Ich stellte die These auf, dass sich ein Kind mit Fluchterfahrung in der Eingewöhnung anders verhält und deswegen das starre Modell unangemessen sein könnte. Ich begann, den Ablauf zunehmend aufzuweichen. Hierzu entstand ein Interview mit mir, das auf YouTube veröffentlicht wurde.

VORWORT UND HINWEISE ZUR HANDHABUNG DES BUCHES

Parallel beschäftigte ich mich zunehmend mit der kultursensitiven Pädagogik.

Neue Erkenntnisse – neue Wege

2017 hatte ich auf einer Fachtagung des Netzwerks Fortbildung U3 e. V. meinen **persönlichen Erweckungsmoment**. Viele Weiterbildende stellten damals die Allgemeingültigkeit der klassischen Bindungstheorie zunehmend infrage und zweifelten daran, dass es sinnvoll ist, den pädagogischen Fachkräften die Bindungsmuster als Grundlage an die Hand zu geben. Inmitten dieses fachlichen Diskurses lernte ich Regine Schierle-Wenger kennen. Die Leiterin und Weiterbildnerin aus Stuttgart stellte auf der Tagung Interessierten die **Eingewöhnung in der Peergroup**, die von Heike Fink entwickelt und erforscht wurde, als alternatives Eingewöhnungsmodell vor. Ich war wie vom Blitz getroffen und arbeitete noch auf der Heimfahrt von Potsdam das Modul zu Bindung und Eingewöhnung für meine Weiterbildungsreihe zur „Fachkraft für Frühpädagogik" komplett um. Bereits am darauffolgenden Montag stellte ich meinen Teilnehmenden dieses Modell als Alternative vor. Prompt konnte ich eine Teilnehmerin überzeugen und sie setzte als Pionierin das Modell in ihrer Einrichtung zum Sommer hin um.

Die Peergroup-Eingewöhnung

Seither arbeite ich mit vielen Einrichtungen zusammen, die die von mir erweiterten und ergänzten Säulen der Peergroup-Eingewöhnung in ihr Eingewöhnungskonzept integrieren.

Über Umwege erfuhr ich, dass dieses von Heike Fink entwickelte Modell auch **Tübinger Modell** genannt wird. Im Rahmen meiner Recherchen stieß ich auf die Publikationen von Heike Fink, die sich bereits seit 2010 in ihren Forschungsarbeiten intensiv damit beschäftigt. Ihre bislang zugänglichen Studienergebnisse sind Grundlage meiner Ausführungen. (Nähere Angaben dazu finden Sie im Literaturverzeichnis ab S. 118.)

Seit einigen Jahren beobachte ich, dass das Konzept der Peergroup-Eingewöhnung immer bekannter wird. Immer häufiger erreichen mich Anfragen wegen Fortbildung und Literatur. Dies hat mich dazu bewogen, mein Wissen und meine Erfahrungen in diesem Buch zusammenzutragen.

VORWORT UND HINWEISE ZUR HANDHABUNG DES BUCHES

Inhalt und Aufbau des Buches

In diesem Buch beschreibe ich **die Chancen und Möglichkeiten** der Peergroup-Eingewöhnung für Krippe, Kita und Kindertagespflege. Ich zeige aber auch **Stolpersteine und Grenzen** auf.

In den ersten Kapiteln erläutere ich, inwiefern dieses Modell eine **logische Weiterentwicklung und Ergänzung** der bisherigen Modelle darstellt und auf welchen theoretischen Grundlagen dieses Eingewöhnungsmodell fußt. Im Fokus steht hierbei die Bedeutung der Peergroup für die Entwicklung von Kindern, die wesentliche Grundlage dieses Modells ist. Im Anschluss daran beschreibe ich die einzelnen Säulen dieser Eingewöhnung in Krippe, Kita und Kindertagespflege und beantworte häufige Fragen aus der Praxis.

Abschließend erweitere ich den Fokus auf die Bedeutung der Peergroup für **andere Transitionen** (Übergänge), die Kinder im Elementarbereich zu bewältigen haben, und stelle Chancen und Grenzen dieses Eingewöhnungsmodells vor.

An geeigneten Stellen verweise ich über **QR-Codes** auf einige Folgen meines Podcast oder Blogartikel und gebe vertiefende Literaturempfehlungen, um die Erarbeitung des Eingewöhnungskonzepts im Team zu unterstützen.

*Ich wünsche den Leser*innen[1] viele inspirierende Momente und Impulse zur Weiterentwicklung der eigenen Eingewöhnungspraxis.*

Anja Cantzler

IHR PERSÖNLICHER ZUGANG:

Alle Kopiervorlagen aus diesem Buch können Sie auch als Download unter folgendem Link abrufen:
https://cloud.verlagruhr.de/login-lerninhalt/WR2uRH54fd43
Passwort: PHG78zu

Wenn Sie die Vorlagen auf Ihrem mobilen Endgerät (Handy, Tablet) aufrufen möchten, scannen Sie den QR-Code.

Bitte beachten Sie, dass der angegebene Link und QR-Code ihre Gültigkeit verlieren können. Sollte dies der Fall sein, wenden Sie sich bitte an: digitaleslernen@verlagruhr.de

---

[1] Der Verlag an der Ruhr legt großen Wert auf eine geschlechtergerechte und inklusive Sprache. Daher nutzen wir neutrale Formulierungen oder das Gendersternchen, um alle Menschen unabhängig von Geschlecht oder Geschlechtsidentität einzuschließen.

VON BERLIN über München NACH TÜBINGEN

Berliner Eingewöhnungsmodell Münchner Modell Tübinger Modell Peergroup Partizipatorisches Eingewöhnungsmodell Bindungsperson Beziehungsperson Bindungstheorie Transitionsforschung sichere Basis Interaktion Übergangsobjekt Diversität Trost

Der Übergang von der Familie in Krippe, Kita und Kindertagespflege ist eine große Herausforderung und Anpassungsleistung für ein Kind. Mit diesem Übergang beginnt für das Kind und seine Eltern ein neuer Lebensabschnitt. Der Start in die Kinderbetreuung bedeutet für das Kind

- mehrere Stunden von seinen bisherigen Bindungs- und Beziehungspersonen getrennt zu sein,
- sich in unbekannten Räumlichkeiten zurechtzufinden,
- zu bislang fremden Betreuungspersonen Kontakt aufzunehmen,
- mit mehreren, meist unbekannten Kindern zusammen zu sein und Kontakt aufzunehmen,
- einen anderen Rhythmus in der Kindertagesbetreuung kennenzulernen und sich darauf einzulassen,
- Spielmaterial und Betreuungspersonen mit anderen Kindern teilen zu müssen.

Dies sind hohe Anforderungen, die jedoch auch jüngere Kinder mit der adäquaten Unterstützung und Begleitung bereits gut bewältigen. Um dem Kind den Übergang zu erleichtern, wurden verschiedene Eingewöhnungsmodelle mit vielen Gemeinsamkeiten und Unterschieden entwickelt.

Verschiedene Modelle und ihre Besonderheiten

Das Berliner Eingewöhnungsmodell

Eines der ersten Modelle war das Berliner Eingewöhnungsmodell. Es wurde in den 80er-Jahren vom infans Institut entwickelt und hielt mit dem zunehmenden Ausbau der Betreuung von Kindern unter drei Jahren Einzug in Krippe, Kita und Kindertagespflege. Die Grundlage für das Berliner Modell bildet im Wesentlichen die **Bindungstheorie** nach John Bowlby und Marie Ainsworth. In Deutschland haben Klaus und Karin Grossmann die Bindungstheorie bekannt gemacht und intensiv erforscht.

Das Berliner Modell basiert auf der Überzeugung, dass der Übergang eines Kindes von der Familie in die Kinderbetreuung nur dann gelingen kann, wenn das Kind dabei durch die Eltern oder andere wichtige **Bindungspersonen** begleitet wird. Diese Bindungspersonen dienen dem Kind als sichere Basis. In ihrer Anwesenheit kann das Kind dann die Beziehung zu einem*einer sogenannten **Bezugserziehenden** aufbauen.

Dieser Beziehungsaufbau zwischen Fachkraft und Kind findet **räumlich getrennt** von der bestehenden Kindergruppe statt. Er gilt als gelungen, wenn sich das Kind in Abwesenheit der Eltern auf das Spiel- oder Trostangebot des*der Bezugserziehenden einlässt. Erst wenn dieser Bindungsaufbau gelungen ist, integriert die Fachkraft das Kind in die bestehende Kindergruppe. Die unterschiedlichen Bindungsmuster nach Bowlby und Ainsworth, die in diesem Modell eine große Rolle spielen, geben den pädagogischen Fachkräften Anhaltspunkte, wie sich der Verlauf der Eingewöhnung vermutlich gestalten wird.[1]

Der Verdienst des Berliner Modells besteht meines Erachtens im Wesentlichen darin, dass es auf Grundlage der bindungstheoretischen Forschung die Fachkräfte dafür sensibilisiert hat, dass Kinder einen solch bedeutsamen Übergang mit der **geringsten Stressbelastung** in Begleitung vertrauter Bindungs- und Beziehungspersonen bewältigen können.

[1] Vgl. Dreyer 2017, S. 79 ff.

Verschiedene Modelle und ihre Besonderheiten

Das Münchener Eingewöhnungsmodell

Das Münchener Eingewöhnungsmodell geht auf die Ergebnisse eines wissenschaftlichen Projekts von Prof. E. Kuno Beller (FU Berlin) zurück. Es wurde zunächst von 1987 bis 1991 unter Winner und Erndt-Doll in München entwickelt und dann von Evanchitzky und Zöller weiterentwickelt und um einen systemischen Denkrahmen ergänzt.[2] Basierend auf der Transitionsforschung und von der Reggio-Pädagogik inspiriert, wird das **Kind als kompetentes, individuelles Subjekt** wahrgenommen. Als solches kann es die Eingewöhnung gemeinsam mit anderen **aktiv mitgestalten.**[3] Anders als beim Berliner Modell steht nicht die Bindungstheorie und damit der Bindungsaufbau zwischen der Fachkraft und dem Kind im Fokus. Es geht zentral um die Einbeziehung des kompletten an der Eingewöhnung beteiligten Systems. Damit sind neben den beteiligten Personen unter anderem auch die Räume, das Spielmaterial und der Tagesablauf mit zu berücksichtigen.[4] So findet beispielsweise die Eingewöhnung im Alltag der Betreuungseinrichtung statt. Die **bestehende Kindergruppe** wird von Anfang an aktiv in die Eingewöhnung mit einbezogen. In Begleitung seiner Bindungspersonen lernt das Kind den Betreuungsalltag, die Kindergruppe und die betreuenden Fachkräfte kennen.

Gemäß den Erkenntnissen der **Transitionsforschung** geht dieses Modell davon aus, dass ein Kind zum einen zu mehreren Personen gleichzeitig außerhalb der Familie Beziehungen aufbauen kann und sich zum anderen diese Personen selbst wählt. Die Fachkräfte geben ihm also nicht von vornherein eine*n Bezugserziehende*n vor, sondern das Kind kann im Laufe der Zeit **selbst wählen**, wer seine Hauptbeziehungsperson in der Kinderbetreuung wird. Da die Eingewöhnung in das normale Tagesgeschehen integriert ist, bekommt das Kind zudem die Möglichkeit, von Anfang an Kontakt zu der Kindergruppe aufzubauen.

Das veränderte Bild vom **Kind als Akteur seiner eigenen Entwicklung**, die Erkenntnis, dass Kinder zu mehreren Erwachsenen eine Beziehung aufbauen können, sowie die Einbeziehung der bestehenden Kindergruppe ermöglichen es, einen sanften und am Kind orientierten Übergang zu gestalten.

[2] Vgl. Evanchitzky/Zöller, 2021, S.19.
[3] Vgl. Winner, 2015, S.4.
[4] Vgl. Evanchitzky/Zöller, 2021, S.19.

Das Tübinger Modell

Seit 2010 gewinnt das Tübinger Modell, das auch als **„Eingewöhnung in der Peer“**[5] bezeichnet wird, zunehmend an Bedeutung.

Anders als bei den anderen Modellen werden je nach Alter drei bis fünf Kinder gleichzeitig aufgenommen und gemeinsam mit den Eltern und zwei pädagogischen Fachkräften in einer eigenen neuen Gruppe eingewöhnt.

Definition: Peers

Als Peers werden Kinder, aber auch Jugendliche und Erwachsene bezeichnet, die ungefähr gleichaltrig sind und auf einem ähnlichen kognitiven, emotionalen und soziomoralischen Entwicklungsstand stehen. Durch die gemeinsame Lebenssituation, in der sie sich befinden, gilt es für sie, gleiche Entwicklungsaufgaben und normative Lebensereignisse (z. B. Eingewöhnung), zu bewältigen. Peers sind in ihrem sozialen Status und dem damit verbundenen Machtgefüge untereinander gleichgestellt und -berechtigt. Sie lernen von- und miteinander und geben sich Halt und Unterstützung in unterschiedlichsten Situationen.[6]

Dieses Modell knüpft an die Erkenntnisse der Bindungs- und Transitionsforschung an und setzt den Fokus zusätzlich auf die **Interaktion der einzugewöhnenden Kinder untereinander**. Es geht davon aus, dass neben den Fachkräften, die die Eingewöhnung begleiten, die Kindergruppe (Peergroup) einen wichtigen Einfluss auf das einzugewöhnende Kind hat und die Kinder sich in der Eingewöhnungsphase aktiv gegenseitig unterstützen. Erkenntnisse der **Peerforschung** und die Berücksichtigung von Diversität spielen hier eine zentrale Rolle.

[5] Fink 2022, S. 6.
[6] Vgl. von Salisch 2000, S. 345 ff.

Die Partizipatorische Eingewöhnung

Mit der Forderung nach mehr Partizipation und Bedürfnisorientierung in der Kindertagesbetreuung entstanden weitere Modelle und Konzepte für die Eingewöhnung, die das Kind als Akteur seiner eigenen Entwicklung immer stärker in den Fokus rücken.

In diesem Zusammenhang darf die **Partizipatorische Eingewöhnung** von Prof. Dr. Marjan Alemzadeh nicht unerwähnt bleiben. In diesem Eingewöhnungsmodell geht es nicht darum, wie ein Kind am schnellsten in der Kinderbetreuung ankommt und sich von einer Bezugserzieherin oder einem Bezugserzieher versorgen und trösten lässt. Vielmehr sollen das Kind und seine Bindungsperson gemeinsam die neue Situation als positive Herausforderung für sich annehmen. Dabei stehen zwei Fragen im Mittelpunkt:

- „Wie kann eine Eingewöhnung aussehen, in der das Kind die Kinderbetreuung von Anfang an als **Bereicherung** empfinden kann?"
- „Wie kann die Eingewöhnung gestaltet werden, damit Kinder **Lust** und **Freude** daran haben, vielfältige Erfahrungen zu machen, und neue **Beziehungen** zu anderen Menschen aufbauen möchten?"

Ähnlich wie im Münchener Modell ist auch hier das Bild vom Kind als **selbsttätiges Individuum** leitend, das sich **interaktiv** an der Eingewöhnung beteiligt. Das Kind ist von Anfang an in der Lage, durch seine Gestik, Mimik, Körperhaltung und je nach Entwicklung auch durch Sprache deutlich zu zeigen, wie es ihm gerade geht und ob es zu einer Trennung bereits bereit ist. Dabei bekommen Kinder und ihre Eltern in diesem Modell die Zeit, die sie individuell brauchen.

FRAGEN

Reflexionsfragen zur Zufriedenheit mit Ihrem bisherigen Eingewöhnungsmodell

- Nach welchem Eingewöhnungsmodell arbeiten Sie?
- Wie lange arbeiten Sie bereits mit diesem Modell?
- Wissen Sie, warum Ihre Einrichtung sich für dieses Modell ursprünglich entschieden hat?
- Wie zufrieden sind Sie auf einer Skala von 1 bis 10 mit der Umsetzung des angewandten Modells?
- Wie schätzen Sie die Zufriedenheit Ihrer Kollegen und Kolleginnen ein?
- Was sollte aus Ihrer Sicht auf jeden Fall verändert werden?

Die verbindenden Qualitätsmerkmale

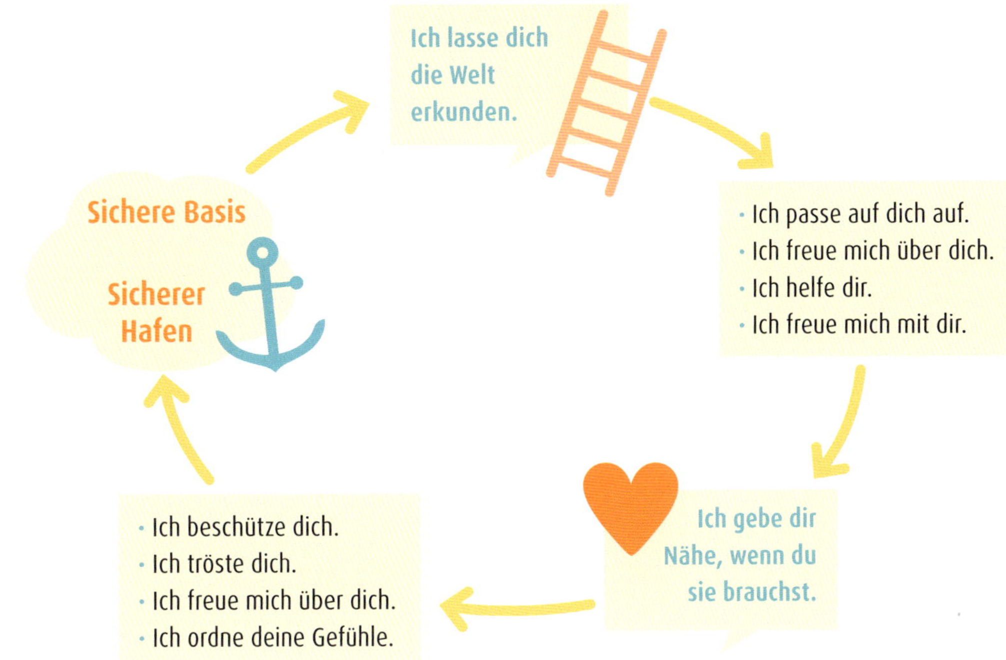

Kreis der Sicherheit: eigene Darstellung angelehnt an Powell, Cooper, Hoffmann und Marvin 2015, S. 52.

Bei der intensiveren Auseinandersetzung mit den verschiedenen Modellen fällt auf, dass alle auf ihre Art funktionieren, wenn sie gut umgesetzt werden. Alle diese Modelle ermöglichen es einem Kind, einen **begleiteten Übergang** von der Familie in eine Kinderbetreuung zu bewältigen und gut in der Kinderbetreuung anzukommen.

Allen Modellen sind im Wesentlichen drei Qualitätsmerkmale gemeinsam. Die Eingewöhnung findet

- elternbegleitet,
- bezugspersonenorientiert und
- abschiedsbewusst statt.

Das heißt, in der jeweiligen Umsetzung wird das Kind von einer ihm vertrauten Person (in der Regel einem Elternteil) begleitet. In Anknüpfung an das Modell „Kreis der Sicherheit“ von Powell, Cooper, Hoffmann und Marvin (2015) stellt diese Person die **„sichere Basis“** dar, von der aus sich das Kind den neuen Herausforderungen stellen kann. In Begleitung dieser **Bindungsperson** traut es sich, die neue Umgebung zu erkunden und Kontakte zu knüpfen. Wenn es **Trost** und **Unterstützung** braucht, kann es jederzeit zu dieser sicheren Basis zurückkehren (siehe Abb. „Kreis der Sicherheit“). Mit dieser Sicherheit im Rücken knüpft das Kind Beziehungen zu den Fachkräften, die sich dem Kind als **Beziehungspersonen** anbieten. Diese übernehmen nach und nach die Aufgabe, dem Kind eine sichere Basis für sein **Explorationsverhalten** und die **Kontaktaufnahme** zu den anderen Kindern zu geben.

Wenn diese Beziehung zu den Beziehungspersonen in Krippe, Kita oder Kindertagespflege **stabil** genug ist, kann das Kind mehrere Stunden auch ohne die Eltern in der Kinderbetreuung bleiben.

Das dritte Qualitätsmerkmal ist der bewusste und **ritualisierte Abschied** der Eltern von dem Kind. Wie wichtig dies ist, zeigt die folgende Reflexionsanregung.

Anregung zur Reflexion

Stellen Sie sich Folgendes vor: Sie sind mit einer Ihnen vertrauten Person unterwegs und kommen an einen Ihnen unbekannten Ort. Dort sind nahezu 100 fremde Personen. Plötzlich ist Ihr Begleiter oder Ihre Begleiterin verschwunden. Sie können und dürfen den Ort nicht verlassen und wissen nicht, wann Ihre Vertrauensperson wiederkommt. Erschwerend kommt hinzu, dass Sie die Sprache der anwesenden Personen nur ansatzweise verstehen und selbst nicht sprechen. Und: Sie haben kein Handy dabei!
Wie geht es Ihnen bei dieser Vorstellung?
Was heißt das für die Eingewöhnung eines Kindes in die Kindertagesbetreuung?

Die verbindenden Qualitätsmerkmale

In dem Reflexionsimpuls ist die begleitende Person auf einmal verschwunden. Wenn Eltern sich ohne Verabschiedung entfernen, fühlen sich die meisten Kinder alleingelassen. Diese Situation löst großen **Stress** aus. Dies sollte möglichst vermieden werden.

Gut gestaltete Abschiedsrituale bereiten den täglichen Übergang von zu Hause in die Kita vor. Die Rituale, aber auch **Übergangsobjekte** oder innere **Drehbuchskripte**[7] erleichtern es dem Kind, diesen Übergang zukünftig jeden Morgen zu bewältigen.

Bedeutung von Übergangsobjekten

Als Übergangsobjekte wählen Kinder Gegenstände, die eine besondere Bedeutung für sie haben. Der englische Kinderarzt und Psychoanalytiker Donald W. Winicott hat herausgefunden, dass diese Objekte in der frühen Mutter-Kind-Beziehung als Symbol für die Einheit von Mutter und Kind stehen. Demzufolge werden Übergangsobjekte etwa ab dem sechsten Lebensmonat für Kleinkinder bedeutsam.
Ein Übergangsobjekt tritt in Abwesenheit der Eltern an die Stelle der oralen und emotionalen Befriedigung, die das Kind sonst von ihnen erhält. So wird ein Übergangsobjekt zum vorübergehenden **Ersatz für die abwesenden Bezugspersonen** und bietet dem Kind Schutz, Sicherheit, Halt und Geborgenheit. Das Objekt hilft ihm, die Abwesenheit seiner Bezugspersonen besser auszuhalten. Gerade zu Beginn der Eingewöhnungszeit tragen viele Kinder ihre Übergangsobjekte als Begleiter den ganzen Tag mit sich herum, andere greifen nur in schwierigen Situationen darauf zurück. Mit zunehmendem Alter verlieren einzelne Übergangsobjekte in der Regel an Bedeutung.

TIPP

Mehr zum Thema Übergangsobjekte

Cantzler, Anja: „Kuschel muss mit" – Übergangsobjekte in der Eingewöhnung

https://coaching-cantzler.de/tag/kuscheltier/
(aufgerufen am 17.06.2025)

Paic, Mareike: Vom „Ich-Buch" zur „Ich-Box". Eine bewährte Methode wird erweitert (7.8.2020)

https://coaching-cantzler.de/?s=ein+sicherer+platz+f%C3%BCr+kuschel
(aufgerufen am 17.06.2025)

Für mich kommt zu diesen drei Qualitätsmerkmalen zusätzlich ein vierter wichtiger Aspekt hinzu, nämlich die **Kind- und Bedürfnisorientierung**. Jedes Kind ist anders und bringt ganz individuelle Erfahrungen und Erlebnisse mit. Dazu gehört auch die individuelle Bindungsbeziehung zwischen dem Kind und seinen Bindungspersonen, worauf die pädagogischen Fachkräfte spezifisch und sehr feinfühlig eingehen müssen.

TIPP zur Vertiefung

KitaTalk mit Teresa Miss
Jedem Kind sein Tempo ... auch in der Eingewöhnung!

https://youtu.be/3A2drw5jsoQ
(aufgerufen am 17.06.2025)

[7] Vgl. Gutknecht und Kramer 2018.

Die Grundlagen der PEERGROUP-EINGEWÖHNUNG

Die Peergroup-Eingewöhnung ist eine schlüssige Weiterentwicklung der zuvor entstandenen und praktizierten Eingewöhnungsmodelle. Wie alle anderen Modelle basiert die Peergroup-Eingewöhnung auf der **Bindungstheorie**. Hinzu kommen die Erkenntnisse aus der **Transitionsforschung**. Das Herzstück bildet das Wissen der **Peerforschung** über das Interaktionsverhalten von Peers sowie den Stellenwert der Peergroup für die Bewältigung von bedeutsamen Transitionen (Übergängen).

Durch die praxisnahen Studien von Heike Fink aus dem Jahr 2010 handelt es sich bei dieser Eingewöhnungsalternative um ein **praxiserprobtes** und **wissenschaftlich evaluiertes** Modell, das der erforderlichen Kultursensibilität und den zunehmenden Spielgruppenerfahrungen der Kinder entgegenkommt.

Ausgangspunkt: Bindungstheorie

Bindungspersonen als sicherer Hafen

Die Peergroup-Eingewöhnung wurzelt wie viele andere Eingewöhnungsmodelle in der Bindungstheorie.
Bindung bedeutet nach Bowlby und Ainsworth, dass Personen emotional miteinander verbunden sind, unabhängig von Raum und Zeit.[1] In der Regel nimmt das Kind diese Bindungsbeziehungen im Laufe seines ersten Lebensjahres zu den Personen auf, die sich verlässlich um das Kind kümmern.
So individuell das Interaktionsverhalten der verschiedenen Bindungspersonen ist, so unterschiedlich ist auch die einzelne Bindungsbeziehung zwischen Kind und Erwachsenen.

Die Bindung dient dem Überleben des Säuglings und hilft ihm im weiteren Entwicklungsverlauf, **Distress** zu regulieren und **minimieren**.

Definition: Distress

Negativ erlebter Stress wird als Distress bezeichnet. Bei Kindern äußert er sich oftmals dadurch, dass sie sich unwohl fühlen, ängstlich oder nervös sind. Manche Kinder ziehen sich dann von den anderen Kindern zurück, wirken teilnahmslos und sitzen unbeteiligt in der Ecke. Andere Anzeichen für Stress können auch Appetit-, Schlaf- oder allgemeine Lustlosigkeit sein. Auch Bauchschmerzen zählen zu den typischen Beschwerden bei kindlicher Stressbelastung.

In der Eingewöhnung werden die Bindungspersonen deswegen zum sicheren Hafen für die Kinder.

[1] Vgl. Grossmann u. a. 2003.

Ausgangspunkt: Bindungstheorie

Erste Erfahrungen werden modellhaft übertragen

Die dem Kind vertrauten Bindungspersonen sind in der Peergroup-Eingewöhnung diejenigen, zu denen das Kind zurückkehren kann, wenn es **Ermutigung, Zuwendung, Trost** und **Schutz** braucht.
Die Bindungstheorie geht davon aus, dass die **sozialen** und **emotionalen Erfahrungen** mit den ersten Bindungspersonen modellhaft auf weitere Beziehungen zu anderen **Vertrauenspersonen** übertragen werden[2]. Die Anwesenheit der Bindungspersonen ermöglicht es den Kindern demnach, sich beobachtend und handelnd der neuen Umgebung zuzuwenden, sich von der sicheren Basis aus mit der fremden Welt vertraut zu machen und langsam eine tragfähige Bindungsbeziehung zu einer Erziehungsperson aufzubauen.

Bindung als Basis für Bildungs- und Entwicklungsprozesse

Die Bindungsforscher gehen davon aus, dass die **Begleitung des Kindes** in der Tagespflege, Krippe oder Kita durch die Eltern oder andere wichtige Bindungspersonen in der ersten Zeit Voraussetzung dafür ist, dass das Kind eine tragfähige Beziehung zu einer ihm bis dahin **unbekannten Betreuungsperson** aufbauen kann. Erst wenn dieser Beziehungsaufbau gelungen ist und das Kind sich in der Kinderbetreuung wohlfühlt, kann das Kind mit Neugierde und Freude seine Umgebung entdecken und Spielkontakte zu anderen Kindern aufnehmen.
Bindung ist demzufolge eine wichtige Grundlage für gelingende Bildungs- und Entwicklungsprozesse. Wenn ein Kind sich emotional sicher und wohlfühlt, ist dies an seinem **Explorationsverhalten** zu erkennen. Dann erkundet es die unbekannte Umgebung, experimentiert mit dem angebotenen Material und nimmt Spielkontakte zu anderen Kindern und Erwachsenen auf.

Signal- und Annäherungsverhalten als Schlüssel

Um das **emotionale Wohlbefinden** eines Kindes einordnen zu können, ist es wichtig, das Bindungsverhalten eines Kindes gut lesen zu können. Vor allem in unbekannten und **verunsichernden Situationen** lassen sich im Hinblick auf die Bindung folgende Verhaltensweisen beobachten[3]:

- **Signalverhalten** wie zum Beispiel rückversichernder Blickkontakt, verlegenes und verunsichertes Anlächeln, Schreien, Weinen, Arme ausstrecken. Die Verhaltensweisen sollen die Bindungsperson veranlassen, sich dem Kind aktiv zuzuwenden, es zu trösten oder durch Zuspruch zu ermutigen. Die Botschaft des Kindes lautet: „Komm her zu mir. Kümmere dich um mich.“
- **Annäherungsverhalten** wie zum Beispiel Hinterherkrabbeln oder -laufen, Festhalten, Festklammern. Damit sucht das Kind aktiv die Nähe zur Bindungsperson, um dort Ermutigung, Schutz bzw. Trost zu finden. Die Botschaft des Kindes lautet in dem Fall: „Geh nicht weg. Bleib bei mir und unterstütze mich.“

[2] Vgl. Grossmann u. a. 2003, S. 245.

[3] Vgl. Thon 2017.

Abb.: © Kaesler Media - Shutterstock.com

Ausgangspunkt: Bindungstheorie

Aufgabe der pädagogischen Fachkraft

Ausgehend von den Beobachtungen des kindlichen Bindungs- und Interaktionsverhaltens hat die pädagogische Fachkraft die Aufgabe, die **Signale** des Kindes wahrzunehmen und eine möglichst empfindsame, prompte und angemessene Reaktion darauf zu zeigen. Durch diese **Re- und Interaktion** wird die Fachkraft zur verlässlichen Ansprechpartnerin und Beziehungsperson. Die pädagogische Fachkraft bietet dem Kind gemäß der Bindungsforschung: **Zuwendung, Sicherheit, Stressreduktion, Explorationsunterstützung** und **Assistenz**. Auf diese Weise wird sie zu einer sicheren Basis, wenn die Hauptbindungspersonen nicht anwesend sind. Eine solch **feinfühlige Bindungsbeziehung** unterstützt die **sozial-emotionale Entwicklung** des Kindes.

Zentrale Aspekte der Bindungstheorie für die Peergroup-Eingewöhnung

- Hauptbindungspersonen als sicherer Hafen und Modell für Beziehungen zu anderen Personen
- pädagogische Fachkraft als sichere Basis in Abwesenheit der Hauptbindungspersonen
- Feinfühligkeit als wichtiger Schlüssel für den Beziehungsaufbau

Abb.: © MAK – stock.adobe.com

Erkenntnisse der Transitionsforschung

Das Transitionsmodell

Eine weitere wissenschaftliche Quelle, auf die sich die Peergroup-Eingewöhnung stützt, ist die Transitionsforschung.
Die Transitionsforschung beschäftigt sich im Allgemeinen mit den verschiedensten **Übergängen**, die ein Mensch im Laufe seines Lebens zu bewältigen hat.
Für die Peergroup-Eingewöhnung ist das Transitionsmodell von Wilfried Griebel und Renate Niesel (2005) bedeutsam. Danach verständigen sich alle Personen, die an einer Eingewöhnung beteiligt sind, was der Eintritt des Kindes in die Kinderbetreuung für jeden im Einzelnen bedeutet.
Zentrale Elemente für die Gestaltung des Übergangs sind die

- **Vorbereitung** der primären Bindungspersonen auf die Eingewöhnung,
- **Begleitung** des Kindes durch die primären Bindungspersonen,
- gewissenhafte **Planung** und **Durchführung** der ersten Trennungsphase,
- **emotionale Sicherheit des Kindes,**
- pädagogische Fachkraft als die **den Übergang Moderierende,**
- Berücksichtigung der **Kindergruppe.**

Die Übergangsleistung der Bindungspersonen im Fokus

In der Transitionsforschung wird neben der Übergangsleistung des Kindes auch der Übergangsleistung der Eltern eine wichtige Bedeutung zugeschrieben. Auf der individuellen Ebene müssen sich die Eltern zunächst damit auseinandersetzen, wie sie ihre **Elternrolle** leben und wie sie zur außerfamiliären Betreuung ihres Kindes stehen. Je nach Einstellung und innerem Widerspruch brauchen sie **Ermutigung** und **Unterstützung** von den pädagogischen Fachkräften.
Damit sind wir auf der interaktionalen Ebene. Ein wichtiger Schritt bei der Bewältigung des Übergangs ist der Aufbau von **Vertrauen** zwischen den Bindungspersonen und der pädagogischen Fachkraft. Es gilt zu erkennen und zu erleben, dass die Beziehung, die ihr Kind zu der Fachkraft aufbaut, nicht in **Konkurrenz** zu der eigenen Beziehung steht. Mit dem Eintritt in die Tageseinrichtung verändert sich die Rolle der Bindungspersonen. Sie sind zum einen Eltern ihres Kindes und gleichzeitig die Eltern eines Kindes, das nun eine außerfamiliäre Kinderbetreuung besucht.

Abb.: © Alex Tor - Shutterstock.com

Um diese veränderte Rolle anzunehmen und zu bewältigen, bezieht die Transitionsforschung den **Austausch** und **Kontakt** mit anderen Bindungspersonen in derselben Situation als eine wichtige **Ressource zur Bewältigung** mit ein.

Emotionale Sicherheit der Kinder fördern

Neben gestärkten Eltern und einfühlsamen pädagogischen Fachkräften benennt die Transitionsforschung weitere Elemente, die helfen, dass sich das Kind emotional wohlfühlt und sicher in der neuen Situation ankommt. Dazu gehören

- wiederkehrende **Rituale** im Tagesablauf,
- eine für das Kind nachvollziehbare **Ankommens-** und **Abholsituation** mit wiederkehrenden Abläufen,
- auf das Kind abgestimmte **Trennungssituationen** und -abläufe sowie
- **Übergangsobjekte**, die das Kind in die Einrichtung mitbringt.

Die Bedeutung der Kindergruppe für den Übergang

Das Transitionsmodell sieht ferner die Kinder der Gruppe als Akteure, die das Ankommen des neuen Gruppenmitglieds entscheidend mit beeinflussen. Durch die Ankunft des neuen Kindes verändert sich das **Gruppengefüge**. Es hilft dem neuen Kind, in der Gruppe anzukommen, wenn es von deren Mitgliedern **herzlich in Empfang** genommen wird. Dadurch entsteht das Gefühl, dazuzugehören und angenommen zu sein.

Zentrale Aspekte der Transitionsforschung für die Peergroup-Eingewöhnung

- die **individuellen Bedürfnisse** der Bindungspersonen während des Übergangs werden mit einbezogen
- die Gruppe der **Bindungspersonen** wird als stärkendes Element bewertet
- **Rituale** im Tagesablauf werden berücksichtigt
- auf das Kind **abgestimmte Trennungssituationen**
- die Bedeutung der **Kindergruppe** für das Ankommen eines neuen Kindes
- die **pädagogische Fachkraft** moderiert den Übergang für Kinder und Eltern

Abb.: © FamVeld - Shutterstock.com

Die Peerforschung als Herzstück

Erforschung der Beziehungen zu Gleichaltrigen

Die außerfamiliäre Kinderbetreuung ist in erster Linie ein Ort, an dem ein Kind mit anderen Kindern zusammenkommt, um mit ihnen zu spielen und zu lernen. Besonders wichtig für die wissenschaftliche Fundierung der Peergroup-Eingewöhnung ist daher die **Peerforschung**.
Die Peerforschung beschäftigt sich im Kern mit den **Beziehungen eines Kindes zu seinen Peers**, also gleichaltrigen Kindern, die sich auf einem ähnlichen kognitiven, emotionalen und sozio-moralischen Entwicklungsstand und in einer gemeinsamen Lebenssituation (in diesem Fall die Eingewöhnung) befinden sowie die gleichen Entwicklungsaufgaben und Lebensereignisse zu bewältigen haben. Sie fokussiert die spezifischen Spiel- und Interaktionsbeziehungen zwischen Gleichaltrigen. Dabei wird davon ausgegangen, dass diese Peerbeziehungen **einzigartige Impulse für die Entwicklung** von Kindern geben, die andere Beziehungen, z. B. mit älteren Kindern oder Erwachsenen, nicht ersetzen können.

Das Bild vom Kind verändert sich

Bis noch vor gar nicht allzu langer Zeit war in der Forschung die Meinung vorherrschend, dass Kinder erst ab ca. drei Jahren zu sozialem Spiel mit anderen Kindern fähig seien. Bei näherer Betrachtung ließ sich diese Annahme in der Praxis jedoch nicht bestätigen. Denn bereits **im ersten Lebensjahr** lassen sich **soziale Interaktionen** beispielsweise bei zwei Krabbelkindern beobachten, wenn das eine Kind wegkrabbelt und das zweite ihm folgt. Auch wenn es um den Austausch von Spielmaterial geht, ist schon sehr früh auch unter Kindern ein Geben und Nehmen zu beobachten.

Der **Fehler**, dem die Fachwelt zunächst unterlag, bestand darin, dass die früheren Forscher das **Spielverhalten älterer Kinder als Maßstab** ansetzten. Mit der Zeit veränderte sich jedoch das Bild vom Kind. Heute ist die Meinung anerkannt, dass jedes Kind von Geburt an ein Grundbedürfnis nach Beziehungen hat und dass Kinder daher Interaktionen eingehen und soziale Kontakte knüpfen, indem sie entsprechend ihres Alters handeln.[1]

[1] Vgl. Wüstenberg und Schneider 2021, S. 9.

Für gute Rahmenbedingungen sorgen

Damit die Kinder gut in Kontakt kommen können, ist eine entsprechend **anregende** und **einladende Umgebung** zu schaffen. Dazu gehören im Sinne der Strukturqualität

- ein angemessen großer **Gruppen- und Spielraum**,
- eine überschaubare **Gruppengröße** und
- ein guter **Personalschlüssel**.

Der Raum sollte zum gemeinsamen Explorieren durch eine **erkundungsoffene Ausstattung** mit **altersgemäßen Spielmaterialien** einladen. Dabei sind das individuelle Spielverhalten und die einzelnen Interessen der Kinder mit einzubeziehen (vgl. Kapitel 3 „Das Spielmaterial", S. 42).

Eine überschaubare Gruppengröße erleichtert den **Aufbau von Beziehungen** zu den anderen Kindern. Die Kinder lernen sich schneller kennen und kommen in den unterschiedlichsten Konstellationen in Kontakt.

Gleichzeitig ist der Einfluss der Erwachsenen auf das Verhalten der Kinder untereinander nicht zu unterschätzen. Allein die Präsenz eines **zugewandten, aufmerksamen** und möglichst **feinfühligen Erwachsenen** hat eine positive Wirkung auf das Spielverhalten der Kindergruppe (vgl. Kapitel 3 „Die eingewöhnungsbegleitenden Fachkräfte", S. 34). Neuere Untersuchungen zeigen, dass es oftmals ausreicht, sich so zu positionieren, dass die Kinder **Blickkontakt** halten können. Ist die Fachkraft jedoch ständig in Bewegung, sodass diese Rückversicherung nicht möglich ist, brechen die Kinder oftmals ihr Spiel ab. Auch wenn die Fachkraft sich dem Spiel ohne besonderen Grund nähert, brechen die Kinder ihr Spiel ab und wenden ihre Aufmerksamkeit der Fachkraft zu. Als beste Position hat sich eine **unmittelbare Nähe am Rand** bewährt. Das gibt den Kindern die Sicherheit, dass die Fachkraft jederzeit da ist, wenn es notwendig wird.

Die Peerforschung als Herzstück

TIPP 

Hilfreiche Rahmenbedingungen für das Entstehen von Peerbeziehungen

- erkundungsoffene, große Räume mit Platz für Bewegung, Begegnung und Rückzug
- ansprechendes, altersgerechtes Spielmaterial
- Präsenz von Sicherheit gebenden Bindungs- und Beziehungspersonen am Rand des Spielgeschehens
- Bekanntsein mit den Spielpartnern

Lernfeld Peerbeziehungen

Wenn die Kinder in etwa gleichaltrig sind, ist deren **Kompetenz-** und **Machtverhältnis** weitestgehend in einer Balance. Das heißt, dass jeder Spielpartner und jede Spielpartnerin in diesem Aushandlungsprozess in etwa den gleichen Einfluss hat. Das ermöglicht den Kindern, miteinander zu **spielen**, zu **kooperieren** und sich in diesem Spiel wechselseitig **aufeinander** zu **beziehen**. Wenn dies gelingt, lernen die Kinder in diesen Peerbeziehungen

- ➜ Bedürfnisse und Wünsche zu äußern,
- ➜ Ideen einzubringen,
- ➜ Interessen zu vertreten,
- ➜ sich auf die Sichtweise anderer einzulassen,
- ➜ Kompromisse zu finden,
- ➜ abwechselnd zu handeln,
- ➜ Ideen und Vorschläge der anderen ins Spiel zu integrieren
- ➜ sowie Auseinandersetzungen und Konflikte auszutragen.[2]

Merkmale früher Freundschaftsbeziehungen

Mittlerweile gibt es viele Anhaltspunkte dafür, dass bereits **Kleinkinder** ab dem ersten Lebensjahr Freundschaftsbeziehungen untereinander entwickeln und leben[3].

Am eindrucksvollsten ist zu diesem Thema eine Studie von Carollee Howes, in der die Autorin Freundschaft als „gefühlsmäßiges Band" zwischen zwei Kindern definiert, das folgende wesentlichen Merkmale aufweist:

- ➜ die Kinder **bevorzugen** sich gegenseitig bei Interaktionen
- ➜ sie beziehen sich im **Spiel wechselseitig** auf das jeweils andere Kind und ergänzen dieses
- ➜ sie stellen **körperliche Nähe** zum*zur Spielpartner*in her, was von beiden mit **positiven Gefühlen** verbunden ist[4]

Ablösung gelingt einfacher

Ein für die Peergroup-Eingewöhnung sehr zentraler Aspekt dieser Studie ist die Beobachtung, dass sich Kinder in Gegenwart der ihnen bekannten Gleichaltrigen oftmals leichter von ihren Bindungspersonen lösen.

Das lässt sich zum einen damit erklären, dass **Kinder am Modell lernen**. Das heißt mit anderen Worten: Wenn es beispielsweise ein Kind in der Gruppe gibt, das sich bereits unproblematisch von seinen Bindungspersonen löst, **übernimmt** das andere Kind diese **Verhaltensweise** und die damit verbundene Grundannahme: Wenn mein Freund oder meine Freundin kein Problem damit hat, wenn Mama oder Papa gehen, dann schaffe ich das auch.

Auf der anderen Seite können wir beobachten, dass **Kinder aus der Gruppe** ein Kind, das traurig ist, zu **trösten** versuchen, indem sie Körperkontakt aufnehmen, ein Taschentuch holen und je nach Alter beruhigend mit Worten auf das Kind einwirken.

Zentrale Aspekte der Peerforschung für die Peergroup-Eingewöhnung

- Kinder agieren als gegenseitige Unterstützungsressource im Übergangsprozess
- die Ablösung von den Eltern ist oftmals in Gegenwart von Gleichaltrigen einfacher
- Interaktionen und Spielbeziehungen, die Kinder bereits in diesem Alter eingehen können, werden gefördert

[2] Vgl. Wüstenberg und Schneider 2021, S. 51 f.
[3] Vgl. ebd., S. 252 ff.
[4] Vgl. ebd., S. 256.

Die zunehmende Kulturvielfalt

Unterschiedliche Familienkulturen treffen aufeinander

Bei der Kindertagesbetreuung treffen viele unterschiedliche Familienkulturen aufeinander. Diese unterschiedlichen Kulturen ergeben sich beispielsweise aufgrund

- unterschiedlicher **Normen** und **Werte**, die in Familien gelebt werden,
- **Familienkonstellationen** (alleinerziehend, Kernfamilie, Patchwork usw.),
- verschiedener **Geschwisterkonstellationen**,
- vielfältiger, sogenannter **Migrationshintergründe**.

Daher ist es wichtig und wertvoll, diese Familienkulturen näher zu betrachten, um die pädagogische Arbeit im Allgemeinen und die Eingewöhnung im Besonderen möglichst **kultursensibel** zu gestalten.

Definition: Kultursensibilität

Der Begriff „Kultursensibilität" bedeutet, in der pädagogischen Arbeit die gegebenen kulturellen Unterschiede ganzheitlich zu betrachten und zu erleben. Im Kern geht es darum, die kulturelle Vielfalt anzunehmen und angemessen damit umzugehen.

Die zunehmende Kulturvielfalt

Wissen als Grundlage für eine kultursensible Haltung

Das Wissen um die unterschiedlichen kulturellen Hintergründe sowie die daraus resultierenden unterschiedlichen Erziehungsprinzipien, Traditionen, religiösen Riten etc. bildet die Grundlage für den professionellen Umgang mit Diversität.

Im Hinblick auf die Eingewöhnung wäre es demzufolge wichtig, darüber nachzudenken, ob es bei der jeweiligen Familie **Unterschiede im Bindungsaufbau** gibt, die möglicherweise **kulturspezifisch** begründet sind (z. B. wenige versus viele Bezugspersonen, wenige Kontakte zu anderen Kindern versus viele Kontakte[1]. Voraussetzung dafür ist, dass **Fachkräfte** sich und ihre professionelle Arbeit stetig **reflektieren**. Dabei liegt ein wesentlicher Fokus auf dem Bewusstsein, dass unser professionelles Handeln immer auch durch die **eigene Biografie** und den eigenen **kulturellen Hintergrund** beeinflusst ist.
Zur Professionalität gehört es, gleichermaßen aufgeschlossen, entdeckend, empathisch und wertschätzend mit kultureller Diversität umzugehen.[2]

Einflüsse der sozialen Umwelt

Pädagogische Fachkräfte müssen in der Eingewöhnung davon ausgehen, dass die dem Kind von seiner sozialen Umwelt vorgelebten Werte seine Entwicklung grundlegend beeinflussen. Das Kind passt sich nach und nach an diese **Werte** an, um ein Teil der sozialen Gemeinschaft zu sein. Entsprechend unterschiedlich werden sich die Kinder in der Eingewöhnung verhalten.

Einige Kinder kommen aus sogenannten **multiplen Beziehungsnetzwerken**. Das bedeutet, dass von Anfang an nicht nur die Mutter für das Kind verantwortlich war, sondern sich auch andere Familienmitglieder, Freunde und Nachbar*innen um das Kind gekümmert haben. Oftmals gibt es in diesen Familienkulturen viele Kinder, die miteinander in Kontakt sind. Ein Kind, das aus diesem Umfeld kommt, nimmt in neuen Situationen häufig zunächst Kontakt zu anderen Kindern auf, da es diese bereits als Unterstützungsressource erfahren konnte.

Autonomie- oder verbundenheitsorientiert

In der kultursensitiven Frühpädagogik wird zwischen autonomie- und verbundenheitsorientierten Familienkulturen unterschieden.

Autonomieorientierte Familienkultur

In dieser Familienkultur werden Werte wie z. B. Entscheidungsfreiheit, Selbstständigkeit, Individualität, Unabhängigkeit und Selbstbestimmung als zentral und wichtig für die kindliche Entwicklung betrachtet.
Das **Kind** ist ein **eigenständiges Wesen** mit einem **eigenen Willen**, den es zu berücksichtigen gilt. Die Interessen und Bedürfnisse des einzelnen Kindes stehen im Mittelpunkt. Zentrale Bindungspersonen sind in der Regel die Eltern. Die Bindung zu den **Eltern** gilt als wichtige Basis für weitere Bildungsprozesse.

---

1 Vgl. Dintsioudi 2016, S. 203–205.
2 Vgl. ebd., S. 205.

Abb.: © Amorn Suriyan - Shutterstock.com

Verbundenheitsorientierte Familienkultur

In Familien mit dieser Ausprägung stehen die **soziale Gemeinschaft** und die Einbindung des Kindes in diese Gemeinschaft im Vordergrund.
Das Ziel der Erziehung besteht darin, die Fähigkeit zu erlernen, sich der Gemeinschaft unterzuordnen, mit anderen zu teilen und an dem Erhalt dieser Gemeinschaft mitzuwirken. Dazu gehören der **Respekt vor Älteren** und das **Befolgen elterlicher Anweisungen**.
Andere Beziehungspersonen wie ältere Geschwister, Verwandte und Nachbar*innen nehmen eine ähnlich wichtige Rolle wie die Eltern ein.
Die Kinder sind in der Regel in großfamiliäre Strukturen eingebunden und somit im regelmäßigen Kontakt mit Kindern unterschiedlichsten Alters. Aufgrund dessen sind ihnen Gleichaltrige als wichtige Interaktionspartner von Anfang an vertraut.[3]

Neben diesen beiden Prototypen von Familienkulturen gibt es zahlreiche Mischformen, die in verschiedenen Familien in unterschiedlichen Ausprägungen anzutreffen sind.

Für die Peergroup-Eingewöhnung sind diese Erkenntnisse insofern interessant, da Kinder, die aus verbundenheitsorientierten Kulturen stammen, oftmals schon gewohnt sind, dass Kinder ihre Hauptinteraktions- und Ansprechpartner sind.

Unterschieden offen begegnen

Bei der Eingewöhnung kann es hilfreich sein, die jeweils ausgeprägte Familienkultur zu kennen, um das Handeln einzelner Familien besser zu verstehen. Aus kultursensibler Sicht ist es wichtig, dass die pädagogischen Fachkräfte **Individuellem individuell begegnen**. Aus dieser Haltung erwächst die Fähigkeit, einzelne Kinder und Familien in ihrem **kulturellen Kontext** genau und **situationsbezogen** zu betrachten. Dies ermöglicht, sich immer wieder neu auf die Kinder und Familien einzulassen, interessiert und zugewandt zu bleiben und offen für die individuellen Bedürfnisse.

Bedeutung der Kultursensibilität für die Peergroup-Eingewöhnung

Einige Kinder haben kulturell bedingt Erfahrungen mit multiplen Beziehungsnetzwerken und meistern Übergänge daher eher mit der Unterstützungsressource der anderen Kinder.

[3] Vgl. Weberling 2015, S. 6-12.

Eltern-Kind-Gruppen als Vorläufer

Wie alles begann

Durch die intensive Beschäftigung mit der Peergroup-Eingewöhnung werden bei näherer Betrachtung die Parallelen zu den **Eltern-Kind-Gruppen** sehr deutlich.
Bereits in den 70er-Jahren entstanden sogenannte Eltern-Kind-Gruppen. Unter diesem Oberbegriff werden Angebote für Kleinst- und Kleinkinder in Begleitung eines Elternteils zusammengefasst. Dazu gehören u. a. Krabbel- und Spielgruppen, musikalische Früherziehung, Pekip-Gruppen, Pikkler-Spielgruppen, Babyschwimmen und Turnangebote.
Eine solche Gruppe besteht oftmals aus acht bis zehn Erwachsenen mit den dazugehörigen nahezu gleichaltrigen Kindern. Unter der Leitung einer oftmals pädagogisch ausgebildeten Fachkraft treffen sich die Gruppenmitglieder zu einem angeleiteten Spiel- oder Bewegungsangebot.
Zunächst entstanden diese Gruppen, um den Mangel an Kindergartenplätzen auszugleichen. Später entwickelten sich die Gruppen zu einer Ergänzung des bestehenden Kinderbetreuungsangebotes. Inzwischen sind Eltern-Kind-Gruppen aus der Betreuungs- und Bildungslandschaft nicht mehr wegzudenken.

Treffen mit Gleichgesinnten

Die Eltern-Kind-Gruppen holen die Eltern aus der Isolation der Kernfamilie heraus. Ein wesentliches Ziel der jeweiligen Angebote besteht darin, **Kontakte zu Menschen in der gleichen Lebenssituation** zu ermöglichen. Eltern-Kind-Gruppen geben Raum für den **Erfahrungs- und Informationsaustausch** mit anderen Eltern. Gleichzeitig besteht die Möglichkeit, Wissen über das **altersentsprechende Verhalten** und die Entwicklung des Kindes zu erhalten. Ergänzend bekommen Eltern vielfältige praktische Anregungen, um ihr Kind **entwicklungsfördernd** zu begleiten.

Abb.: © Rawpixel.com - Shutterstock.com

Eltern-Kind-Gruppen als Vorläufer

Erster Ort sozialen Miteinanders

Gleichzeitig kommen die Kinder mit anderen Kindern und Erwachsenen außerhalb des familiären Umfeldes in Kontakt. Sie erhalten vielfältige Spielanregungen, die zu ihrer ganzheitlichen Entwicklung beitragen. Sie können mit anderen Kindern spielen und auch erste Konflikte austragen. Dadurch wird die Eltern-Kind-Gruppe für die Kinder zu einem ersten **außerfamiliären Erprobungs-** und **Übungsfeld** für soziales Miteinander.

Die Rolle der Gruppenleitung

Die Gruppenleitung unterstützt Eltern und Kinder in den jeweiligen Lern- oder Erfahrungssituationen, die sich aus dem Miteinander ergeben. Sie bereitet den äußeren Rahmen vor, kümmert sich um die Organisation der Angebote, Räume, die notwendigen Materialien und Spielangebote. Sie regt die Kinder zum gemeinsamen Spiel an und beantwortet die Fragen der Eltern. Sie ist gleichermaßen für Eltern und Kinder die Ansprechpartnerin.

Potenziale von Eltern-Kind-Gruppen für die Peergroup-Eingewöhnung

- mehrere Eltern mit Kindern kommen miteinander in Kontakt
- die Eltern kommen in den Austausch
- die Kinder erhalten Anregungen für das gemeinsame Spiel
- die Gruppenleitung ist gleichermaßen für Kinder und Eltern Ansprechpartnerin
- die Gruppenleitung bereitet Raum und Angebote vor
- die Gruppenleitung initiiert das Miteinander der Eltern und der Kinder

Abb.: © oksix – stock.adobe.com

Die SÄULEN der PEERGROUP-EINGEWÖHNUNG

© Melinda Raduly – Shutterstock.com

In der Peergroup-Eingewöhnung sind mehrere Faktoren dafür verantwortlich, dass das Eingewöhnungskonzept gelingt. Neben den Kindern, den Bindungspersonen und den eingewöhnungsbegleitenden Fachkräften spielen auch der Raum, das Spielmaterial, der Tagesablauf, das Team sowie nicht zuletzt die Beobachtung und Dokumentation eine wichtige Rolle. Sie fungieren gleichsam als die Säulen, die das Konzept der Peergroup-Eingewöhnung tragen. Das Fundament bilden die Erkenntnisse aus Bindungstheorie, Transitionsforschung, kultursensibler Pädagogik sowie Peergroup-Forschung.

Das Säulen-Modell

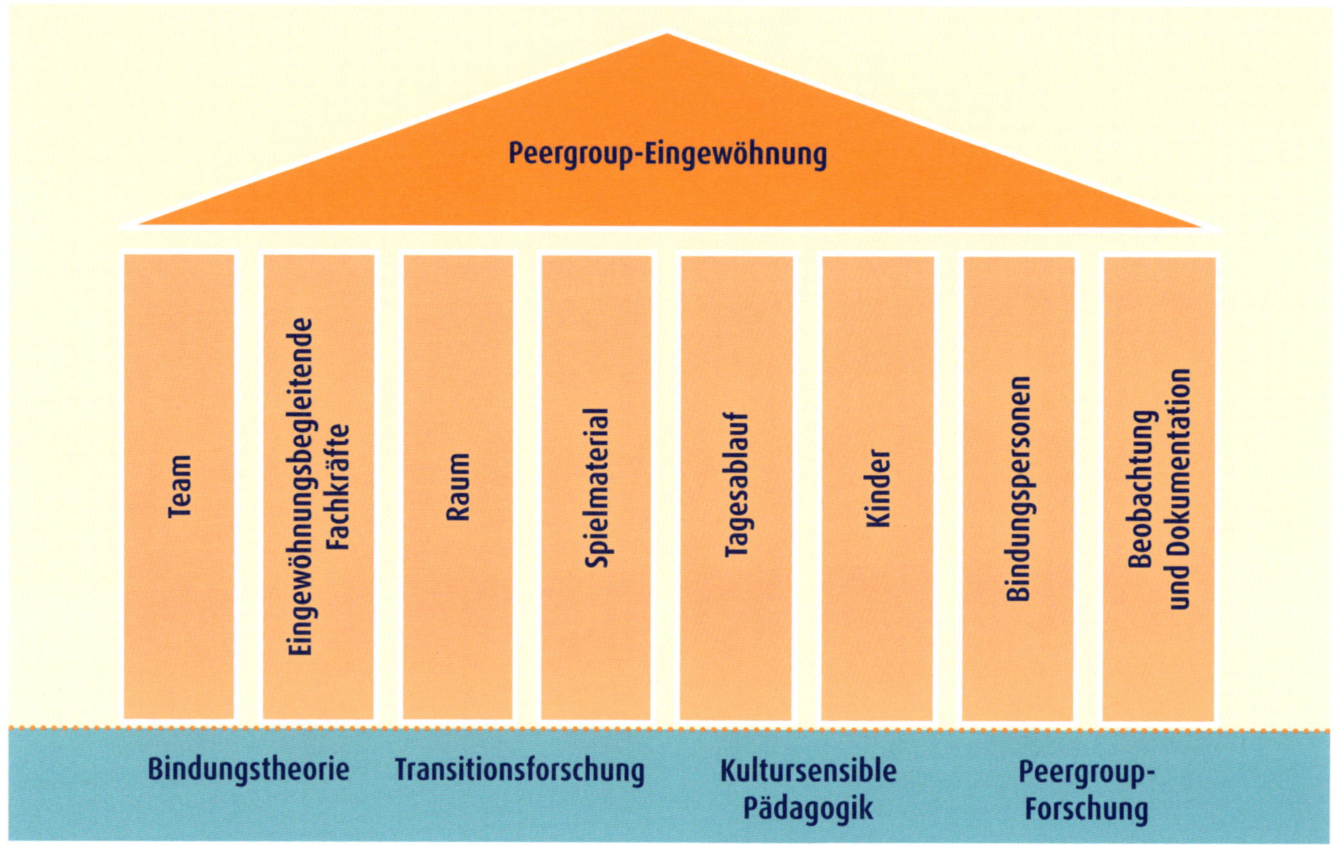

Säulen der Peergroup-Eingewöhnung

Aus der intensiven Beschäftigung mit der Möglichkeit, die Peergroup der einzugewöhnenden Kinder stärker in den Eingewöhnungsprozess mit einzubeziehen, ergeben sich für mich im Wesentlichen folgende Säulen, die ein stimmiges Eingewöhnungskonzept tragen:

- das **Team**, das sich gemeinsam vorbereitet
- die **eingewöhnungsbegleitenden Fachkräfte**, die ihre Rolle reflektieren und professionell gestalten
- der **Raum**, der Begegnung für Kinder, Eltern und Fachkräfte bietet
- das **Spielmaterial**, das zum gemeinsamen Spiel der Kinder einlädt
- der **Tagesablauf** mit Strukturen, die Halt geben
- die **Kinder**, die sich als Gruppe kennenlernen, und jedes einzelne Kind, dessen Bedürfnisse berücksichtigt werden
- die **Bindungspersonen**, die als Expert*innen für die Kinder mit einbezogen werden und sich gegenseitig stützen
- die gewissenhafte **Beobachtung und Dokumentation**

Nur wenn all diese Säulen tragfähig sind, ist eine gelingende Eingewöhnung mit mehreren Kindern überhaupt umsetzbar und zu verantworten.

Abb.: Anja Cantzler

SÄULE A: Das Team

Eingewöhnung als Teamaufgabe

Die Einführung eines neuen Eingewöhnungsmodells ist nie allein Sache der Leitung einer Einrichtung, des eigens dazu beauftragten Mitarbeitenden oder der speziell dafür gebildeten Steuerungsgruppe. Eine solche Veränderung betrifft immer auch das gesamte Team.

Daher besteht die wesentliche Aufgabe der Leitung zunächst darin, das Team im Rahmen des anstehenden Veränderungsprozesses und der damit verbundenen Weiterentwicklung der konzeptionellen Ausrichtung zur Mitwirkung zu motivieren. Nur wenn alle Mitarbeitenden an der **Erarbeitung wesentlicher Qualitätsmerkmale** und konkreter **Umsetzungsmöglichkeiten** beteiligt sind, kann das so entstehende Eingewöhnungskonzept von allen gemeinsam getragen und umgesetzt werden.

Das Team macht sich auf den Weg ...

Zunächst einmal gilt es, das jeweilige Team dort abzuholen, wo es steht, und es für den Entwicklungsprozess mit ins Boot zu holen.
Wie sich ein Veränderungsprozess entwickelt, hängt entscheidend von der **Diskussions-, Partizipations- und Entscheidungskultur** in der Einrichtung ab. Hinzu kommen die unterschiedlichsten **bisherigen Betreuungserfahrungen** und die bestehende **Teamkultur**. Das Team eines Regelkindergartens, das über viele Jahre hinweg nur Kinder ab drei Jahren aufgenommen und bis mittags betreut hat, steht vor einer anderen Herausforderung als eine Ganztageseinrichtung mit einem integrativen Konzept. Diese unterschiedlichen **Vorerfahrungen** muss die Leitung der Einrichtung berücksichtigen und in den Veränderungsprozess konstruktiv integrieren. Entsprechend individuell werden die Prozesse ablaufen[1].

[1] Vgl. Wüstenberg 2010, S. 19 f.

Veränderung braucht Zeit

Die Leitungskraft sollte mehrere **Teamsitzungen** einplanen, um sich gemeinsam mit dem Team mit den theoretischen Grundlagen, den Säulen und der praktischen Umsetzung der Peergroup-Eingewöhnung auseinanderzusetzen. Zu den theoretischen Grundlagen gehören auch die wissenschaftlichen Erkenntnisse der Bindungs-, Transitions- und Peergroupforschung (siehe Kapitel 2 „Die Grundlagen der Peergroup-Eingewöhnung", S. 15).

Nicht alle Mitarbeitenden werden sich von Anfang an von diesem Modell überzeugen lassen. Dabei ist es auf jeden Fall hilfreich, wenn sich die Leitung der Einrichtung im Vorfeld selbst intensiv mit den Feinheiten beschäftigt hat, um besser auf eventuell entstehende **Widerstände** reagieren zu können.

TIPP

Für den Umgang mit Veränderungsprozessen

Cantzler, Anja: Die Räume der Veränderung nach Michael Pohl (22.4.2020)

https://coaching-cantzler.de/?s=r%C3%A4ume+der+ver%C3%A4nderung (aufgerufen am 17.06.2025)

Veränderung braucht Überzeugung

In vielen Fällen lernen einzelne Fachkräfte das Modell in Seminaren kennen und kommen begeistert mit dem Wunsch in die Einrichtung zurück, dieses Modell umzusetzen. Hier ist es wichtig, zunächst die Leitungskraft zu überzeugen und dann gemeinsam mit ihr dem Team das Modell umfassend vorzustellen.

Ausprobieren als erster Schritt

Einige Einrichtungen entscheiden, das Modell zunächst **in einer oder zwei Gruppen einzuführen** und so erste Erfahrungen zu sammeln, bevor es in der gesamten Einrichtung umgesetzt wird.

Meist ist es empfehlenswert, dass das Team gemeinsam eine **Fortbildung** zur Einführung in das Modell macht. Erfahrungsgemäß können mit einer erfahrenen Seminarleitung individuelle Fragen und Unsicherheiten geklärt werden (siehe auch Kapitel 5 „Typische Fragen aus der Praxis", S. 97 ff.).

Einwände ernst nehmen

Ganz gleich, ob das Modell mit oder ohne externe Begleitung eingeführt wird – wichtig ist auf jeden Fall, dass Sorgen und Bedenken im Team ernst genommen werden und ausgesprochen werden dürfen. Die Umsetzung der Peergroup-Eingewöhnung bedarf einer guten und **kooperativen Zusammenarbeit** aller Beteiligten von Anfang an.

Säule A:
Das Team

TIPPS zur Vertiefung

Eingewöhnung
Cantzler, Anja: Eingewöhnung von Kita-Kindern,
Cornelsen bei Verlag an der Ruhr:
Mülheim an der Ruhr 2021
ISBN 978-3-8346-5165-5

Bindung
Dreyer, Rahel: Eingewöhnung und Beziehungsaufbau in Krippe und Kita – Modelle Rahmenbedingungen für einen gelungenen Start,
Herder: Freiburg im Breisgau 2017
ISBN 978-3-451-32544-1

Bindung und Beziehung
Thon, Steffi: Bindung und Beziehung,
AV1 Pädagogik-Filme 2017

Transitionen
Griebel, Wilfried; Niesel, Renate:
Übergänge verstehen und begleiten,
Cornelsen bei Verlag an der Ruhr:
Mülheim an der Ruhr 2024
ISBN 978-3-8346-5017-7

Bedeutung der Peers
Wüstenberg, Wiebke; Schneider, Kornelia:
Ich-Du-Wir. Wie Kinder in den ersten drei Lebensjahren ihre Beziehungen miteinander gestalten,
WamiKi: Berlin, 2., vollständig überarbeitete und erweiterte Auflage 2021
ISBN 978-3-967910-06-3

Die Peergroup-Eingewöhnung
Fink, Heike: In der Peer starten wir! Krippenkinder unterstützen sich gegenseitig – ein innovatives Modell zur Eingewöhnung;
in: TPS – Theorie und Praxis der Sozialpädagogik, Heft 7, 2018, S. 18–21

Fink, Heike: Gemeinsam in der Kita ankommen. Eingewöhnung in der Peergroup;
in: Klein & groß, 73, Ausgabe 5, 2020, S. 20–23

Fink, Heike: Die Eingewöhnung in der Peer – Das Tübinger Modell; Kita-Fachtexte Nr. 2/2022,
Link: www.kita-fachtexte.de/de/fachtexte-finden/die-eingewoehnung-in-der-peer-das-tuebinger-modell (aufgerufen am 17.06.2025)

Podcast Fea's naive Welt
Eingewöhnung in der Peer Group –
Interview mit Anja Cantzler
(28.4.2021)
Link: https://feasnaivewelt.podigee.io/52-neue-episode (aufgerufen am 17.06.2025)

Thon, Steffi: Eingewöhnung in der Peergroup – Das Tübinger Modell in der Praxis,
AV1 Pädagogik-Filme 2024

SÄULE B:
Die eingewöhnungsbegleitenden Fachkräfte

Beziehungsaufbau und Bindungsmuster

Bei der Peergroup-Eingewöhnung kommt den eingewöhnungsbegleitenden Fachkräften eine besondere Rolle zu. Im Berliner Eingewöhnungsmodell ist es üblich, dass eine Person bereits im Vorfeld als **Bezugserzieher** oder **Bezugserzieherin** für ein Kind festgelegt wird. Oftmals entscheidet sich das Kind jedoch zu einem späteren Zeitpunkt für eine andere Fachkraft und baut eine **Beziehung** zu dieser auf. Andere Kinder wiederum wenden sich zunächst gar nicht direkt an die Fachkraft. Sie suchen überwiegend Anschluss und Rückhalt in der Kindergruppe.

In Anlehnung an die an den Fachschulen gelehrten **Bindungsmuster** gemäß der Bindungstheorie werden dann oftmals unsicher-vermeidende Bindungstypen vermutet. Das muss aber nicht zwangsläufig der Fall sein.

Die Bindungstypen der klassischen Bindungstheorie (nach Ainsworth)

Sichere Bindung
Das Kind erfährt die Bindungsperson als „sicheren Hafen". Bestärkt durch die Anwesenheit dieser Person lässt es sich auf die neue Situation ein und beginnt, die neue Umgebung zu erkunden.

Unsicher-vermeidende Bindung
Das Kind geht eher auf Distanz zu den Bindungspersonen. Es beschäftigt sich mit dem vielfältigen Material, was zunächst eine Ablenkung von den negativen Gefühlen ermöglicht. Nach außen wirken diese Kinder zunächst souverän und eigenständig. Bei näherer Betrachtung ist das Spiel jedoch eher rastlos und sprunghaft, was auf einen erhöhten Stresspegel schließen lässt.

Säule B:
Die eingewöhnungsbegleitenden Fachkräfte

Unsicher-ambivalente Bindung
Das Kind versucht, durchgängig im Kontakt mit der Bindungsperson zu bleiben. Bindungsverhalten wie Weinen, Schreien, Klammern etc. ist dauerhaft aktiviert. Das Kind ist in dem Moment der Trennung verzweifelt und beruhigt sich auch nicht, wenn die Bindungsperson wieder da ist.[1]

Schubladendenken vermeiden

Die verschiedenen Bindungsmuster werden mithilfe des „Fremde-Situations-Tests" (nach Ainsworth) bestimmt. Laut Fabienne Becker-Stoll[2] sind die Erkenntnisse der sogenannten „Fremden Situation" jedoch nicht eins zu eins auf die Praxis in der Kindertagesstätte übertragbar.

Der Fremde-Situations-Test (nach Ainsworth)

Mit dem Fremde-Situations-Test wird die **Bindungsqualität** von Kindern im Altersbereich von zwölf bis 24 Monaten erfasst. Aufgrund der Beobachtungen lässt sich das Verhalten des Kindes verschiedenen **Bindungstypen** (sicher, unsicher-vermeidend, unsicher-ambivalent) zuordnen.
Dieses Testverfahren erfordert ein intensives Training der durchführenden Personen. Es gibt klare Instruktionen für die Versuchsleitung, den Aufbau des Settings sowie das verwendete Material; vorgeschrieben ist darüber hinaus ein festes Kameraskript. Der Test findet also gleichsam unter **laborähnlichen Bedingungen** statt. Aus diesem Grund ist er nicht auf den normalen Alltag in Krippe, Kita und Kindertagespflege übertragbar.
Die Momentaufnahme, wie sich die Beziehung zwischen Bindungsperson und Kind gestaltet, ist daher im institutionellen Kontext nicht eindeutig zu analysieren.

In der Praxis erlebe ich, dass das Wissen um diese Bindungsmuster oftmals zu einem „Schubladendenken" verleitet. Bevor dies geschieht, sollten sich die Fachkräfte vielmehr auf die aktuell zu beobachtenden **Bindungsbedürfnisse** der Kinder konzentrieren und darauf feinfühlig eingehen.
Wie bereits erläutert, bringen einige Kinder andere **Vorerfahrungen** mit (siehe Kapitel 2 „Die zunehmende Kulturvielfalt", S. 24), wenn beispielsweise in erster Linie andere Kinder und nicht Erwachsene als wichtiger Anker in unbekannten Situationen eine wesentliche Rolle spielen. In solchen Fällen könnten unerfahrene Fachkräfte **vorschnelle Schlussfolgerungen** über die jeweilige Bindungsqualität ziehen.

Das Kind hat die Wahl

Um Kindern in der Eingewöhnung – auch im Sinne der Partizipation – von Anfang an die **Wahl der Beziehungspersonen** zu ermöglichen, begleitet die pädagogische Fachkraft bei der Peergroup-Eingewöhnung die Kinder gemeinsam mit einer anderen Fachkraft. Sie bilden gemeinsam ein Eingewöhnungstandem[3]. Beide werden zu sogenannten eingewöhnungsbegleitenden Fachkräften, deren Hauptaufgabe darin besteht, die Kinder zu **beobachten** und ihnen **Raum** zu **geben**, um miteinander ins Spiel zu kommen. Die Kinder erleben beide Fachkräfte als **gleichwertige Ansprechpartner*innen**.
Die Fachkräfte nehmen immer dann Kontakt zu dem einzelnen Kind auf, wenn sie merken, dass das Kind individuell **Unterstützung** braucht, um mit den anderen Kindern ins Spiel zu kommen, Konflikte zu lösen oder sich von den begleitenden Bindungspersonen zu lösen.

[1] Vgl. Cantzler 2018, S. 9 ff.
[2] Vgl. Thon 2017.
[3] Vgl. Fink 2022, S. 14.

Säule B: Die eingewöhnungsbegleitenden Fachkräfte

Immer da und immer nah

Meine Erfahrungen mit der Peergroup-Eingewöhnung zeigen, dass viele Kinder selbsttätig und aktiv in die Interaktion mit den anderen Kindern kommen. Die pädagogischen Fachkräfte treten in den Hintergrund, halten sich jedoch immer in unmittelbarer Nähe der Kinder auf. Auch wenn sie sich nur in den seltensten Fällen aktiv am Spiel der Kinder beteiligen, sind sie dennoch **immer körperlich anwesend**, mental **ansprechbar** und **mit voller Aufmerksamkeit präsent.**

TIPP

Die eingewöhnungsbegleitenden Fachkräfte bieten den Kindern:

- ihre volle Präsenz durch körperliche und emotionale Verfügbarkeit, Blickkontakt und auf Wunsch des Kindes Körperkontakt
- ein feinfühliges Eingehen auf die Bedürfnisse des Kindes
- Resonanz mit Mimik, Gestik und Sprache auf das, was ein Kind tut
- Stressregulation, wenn das Kind mit den Herausforderungen selbst nicht mehr zurechtkommt
- Hilfestellung immer dann, wenn ein Kind diese braucht oder einfordert
- gemeinsames Tun, um in Kontakt zu kommen[4]

Für viele Kinder ist es grundsätzlich wichtig, **dass eine Fachkraft** als Beziehungsperson ansprechbar ist. Bei der Peergroup-Eingewöhnung wird aber oftmals im Laufe des Prozesses weniger wichtig, welche der Fachkräfte konkret zur Verfügung steht. Dadurch ist es zu einem späteren Zeitpunkt für viele Kinder viel einfacher, wenn eine Fachkraft wegen Krankheit, Fortbildung oder Urlaub nicht da ist. Die Kinder wenden sich in diesen Situationen automatisch an die aktuell anwesende Fachkraft.

Selbstreflexion als wichtiger Schlüssel

Um sich auf diese besondere Rolle als eingewöhnungsbegleitende Fachkraft einzulassen, bedarf es der intensiven Selbstreflexion. Denn jede Fachkraft hat die **eigene Bindungsgeschichte** mit im Gepäck, die das pädagogische Handeln maßgeblich beeinflusst. Auch gefällt nicht jeder Fachkraft die Vorstellung, sich zurückzunehmen und der Interaktion der Kinder untereinander den Vortritt zu lassen.

Reflexionsimpuls zur eigenen Bindungserfahrung

- Welche Bindungserfahrung habe ich selbst gemacht?
- Suche ich deshalb ganz viel Nähe zu den Kindern?
- Denke ich möglicherweise, dass die Kinder zu wenig Zuwendung bekommen und ich das ausgleichen muss?
- Kann ich mich schlecht von den Kindern trennen?
- Tue ich mir eher schwer mit Kindern, die wenig Nähe und Körperkontakt wollen?
- Mag es ich es nicht so gerne, wenn ein Kind mir körperlich zu nah kommt?
- Finde ich es eher anstrengend, wenn Kinder in der Eingewöhnung viel weinen müssen?
- Nervt es mich, wenn mir ein Kind wie ein Schatten folgt?
- Mag ich am liebsten die Kinder, die sich ganz schnell in der Gruppe einfinden?

Vor der Einführung des Modells sollte sich daher jede Fachkraft allein und im Team intensiv mit der **eigenen Rolle** in der Eingewöhnung beschäftigen.

[4] Vgl. Scherwath 2021, S. 47 ff.

Säule B: Die eingewöhnungsbegleitenden Fachkräfte

Reflexionsfragen

Reflexionsimpuls zum Rollenverständnis

- Wie habe ich als Fachkraft bislang meine Rolle als Bezugserzieher*in verstanden und umgesetzt?
- Was verändert sich, wenn ich mich als eingewöhnungsbegleitende Fachkraft definiere und nicht mehr als Bezugserziehende für ein spezielles Kind?
- Fällt es mir eher schwer oder leicht, mich zurückzunehmen und die Kinder zu beobachten?
- Wie geht es mir damit, wenn das Kind sich eher an die anderen eingewöhnungsbegleitenden Fachkräfte wendet?
- Welche Rolle haben andere Gleichaltrige in meiner Kindheit und bei meinem Übergang von der Familie in die Kita gespielt?
- Gibt es innere Widerstände gegen die Peergroup-Eingewöhnung, die genauer betrachtet und aufgelöst werden sollten?
- Welche Gefühle kommen bei der Vorstellung auf, dass mehrere Eltern gleichzeitig mit im Raum sind?

Die Fachkräfte als Lots*innen

Die eingewöhnungsbegleitenden Fachkräfte verstehen sich in diesem Modell zu Beginn der Eingewöhnung eher als Ansprechpartner und Ansprechpartnerinnen oder, wie ich gerne auch sage, als Lotsen und Lotsinnen durch den Eingewöhnungsprozess.

Ein Lotse oder eine Lotsin kennt das für Kinder und Eltern unbekannte Gewässer und lotst alle Beteiligten durch die Engpässe hindurch.
Das Steuer bleibt in den Händen der Kinder und Eltern, sie fragen nach und lassen sich leiten, bis alle im übertragenen Sinne sicher im neuen und zunächst unbekannten Hafen angekommen sind.

TIPP

Die eingewöhnungsbegleitenden Fachkräfte brauchen dafür folgende Ressourcen und Kompetenzen:

- Bereitschaft, als Team zusammenzuarbeiten
- Reflexionsbereitschaft und -fähigkeit
- Kooperationsbereitschaft mit den Eltern
- Beobachtungsgabe
- Fähigkeit, Balance zwischen den Bedürfnissen der Gruppe und den Bedürfnissen Einzelner herzustellen
- Fähigkeit, professionelle Nähe anbieten zu können

Abb.: © Tomsickova Tatyana - Shutterstock.com

Säule B:
Die eingewöhnungsbegleitenden Fachkräfte

Beobachtung und Dokumentation als Schlüsselaufgabe

Eine weitere sehr zentrale und bedeutsame Aufgabe der eingewöhnungsbegleitenden Fachkräfte besteht darin, den Eingewöhnungsprozess zu beobachten und zu dokumentieren.
Daher ist es sinnvoll, dass immer **einer Fachkraft diese Rolle ausdrücklich zugewiesen** wird, damit sie sich darauf konzentrieren kann. Die andere Fachkraft übernimmt dann für diesen Tag die Begleitung der Kinder und Eltern. Dies geschieht im **Wechsel**, sodass jede Fachkraft nach und nach ihre Beobachtungen in den Eingewöhnungsprozess einbringen kann.

Der **Beobachtungsfokus** liegt in erster Linie darauf,

- → die **Interessen** der Kinder zu erkennen und aufgreifen zu können,
- → Anregungen zur Unterstützung der **Spielprozesse** herauszufinden,
- → individuelle **Bedürfnisse** der Kinder wahrzunehmen, um Handlungspläne zu erstellen,
- → den geeigneten **Trennungszeitpunkt** für die einzelnen Kinder oder die Kindergruppe zu erkennen.

Die Dokumentationen des Eingewöhnungsprozesses (siehe Kapitel 3 „Die Beobachtung und Dokumentation", S. 55) bilden die Basis der weiteren Portfolioarbeit und bieten eine wertvolle Grundlage für die ersten Elterngespräche nach Abschluss der Eingewöhnung.

TIPPS zur Vertiefung 

Bindung
Thon, Steffi: Bindung und Beziehung,
AV1 Pädagogik-Filme 2017

Selbstreflexion
Wedewardt, Lea; Cantzler, Anja:
Sich seiner selbst bewusst sein.
Biografische Selbstreflexion für pädagogische Fachkräfte,
Herder Verlag: Freiburg 2022
ISBN 978-3-451-39290-0

Wedewardt, Lea; Cantzler, Anja: Workbook:
Sich seiner selbst bewusst sein.
Biografische Selbstreflexion für pädagogische Fachkräfte,
Herder: Freiburg im Breisgau 2022
ISBN 978-3-451-39920-6

Fachkraft-Kind-Beziehung
Scherwath, Corinna: Liebe lässt Gehirne wachsen,
Cornelsen bei Verlag an der Ruhr:
Mülheim an der Ruhr 2022
ISBN 978-3-8346-5274-4

Marte Meo in der Eingewöhnung
Krüger, Katrin; Thiel, Monika: Die Möglichkeiten der Marte Meo Methode bei der Eingewöhnung
(17.8.2021)

https://coaching-cantzler.de/2021/08/17/die-moeglichkeiten-der-marte-meo-methode-bei-der-eingewoehnung/
(aufgerufen am 17.06.2025)

SÄULE C: Der Raum

Ein separater Raum für die Neuen

Die Eingewöhnung der Kinder findet bei der Peergroup-Eingewöhnung in einem separaten Raum statt, der genug Platz für die spielenden Kinder und die begleitenden Eltern bietet. Die anderen Kinder der Gruppe befinden sich während der ersten Tage der Eingewöhnung nicht in demselben Raum wie die einzugewöhnenden Kinder. Auf diese Weise können die Kinder in **einem geschützten und überschaubaren Rahmen gemeinsam ankommen**, den Raum mit seinen Möglichkeiten kennenlernen, die eingewöhnungsbegleitenden Fachkräfte kennenlernen und vor allem in der kleinen Kindergruppe miteinander in Kontakt kommen.

Dieser Raum ist in der Regel **für die ersten zwei bis vier Wochen** für die einzugewöhnenden Kinder reserviert, sodass sie sich gegebenenfalls auch wieder in diesen Raum zurückziehen können.

Da nicht jede Krippe, Kita oder Kindertagespflege unbegrenzte Räumlichkeiten zur Verfügung hat, werden die pädagogischen Fachkräfte in der Praxis oftmals sehr kreativ. Sie nutzen dann die **Hauptgruppenräume**, während sich die anderen Gruppenkinder mit einer Fachkraft draußen oder im Turnraum aufhalten. Einige Einrichtungen wiederum nutzen den **Gruppennebenraum** oder den entsprechend umgestalteten **Bewegungsraum** für die Eingewöhnung.

Abb.: © Pixel-Shot - Shutterstock.com

Säule C:
Der Raum

REFLEXIONSFRAGEN

Zur Raumwahl

- Welcher Raum bietet ausreichend Platz für die einzugewöhnenden Kinder, deren begleitende Bindungspersonen und die eingewöhnungsbegleitenden Fachkräfte?
- Wo können die anderen Kinder währenddessen spielen?
- In welchen Raum können sich die begleitenden Bindungspersonen während der ersten Trennungssituationen zurückziehen?

Der Raum als dritter Erzieher

Die Gestaltung des Raumes spielt in der Peergroup-Eingewöhnung eine ähnlich wichtige Rolle wie in der Reggio-Pädagogik. Als sogenannter „dritter Erzieher" soll er eine Atmosphäre schaffen, in der sich die Kinder **wohlfühlen** und die sowohl **Geborgenheit** als auch die Anregung zur **Aktivität** bietet. Dem Alter der Kinder entsprechend gibt es Spielbereiche mit altersgerechten Spielmaterialien (vgl. Kapitel 3 „Das Spielmaterial", S. 42), in denen die Kinder miteinander **kommunizieren** und in **Kontakt** kommen können.

Die Räumlichkeiten sollten deshalb so gestaltet sein, dass sie **ungestörte Spielabläufe** ermöglichen. Es sollte beispielsweise Nischen und **Rückzugsmöglichkeiten** für zwei oder drei Kinder geben, die dort ungestört miteinander spielen können. Für zurückhaltendere Kinder kann ein gemütlicher Sessel oder ein Schaukelstuhl, von dem aus sie alles beobachten können, zunächst ein **Zwischenankerplatz** sein. Dann trauen sie sich vielleicht mit Unterstützung der Fachkraft schon aus der unmittelbaren Nähe der Bindungspersonen heraus, ohne sich direkt in den Spielkontakt mit den anderen Kindern begeben zu müssen (vgl. Kapitel 3 „Die Kinder", S. 49). Lebhaftere Kinder brauchen eventuell eher Platz zum **Rennen, Verstecken und Toben**, um in den Spielkontakt zu kommen.

Die eingewöhnungsbegleitenden Fachkräfte sollten **variabel einsetzbare Tische, Raumteiler** und **Stühle** zur Verfügung stellen, die von den Kindern im **Rollenspiel** zu Höhlen oder einer Eisenbahn umfunktioniert werden können. Während der Eingewöhnung werden der Raum und das dazugehörige Material immer wieder den Bedürfnissen der Kindergruppe und der einzelnen Kinder angepasst.

REFLEXIONSFRAGEN

Zu den Bedürfnissen der Kinder an den Raum

Vor der Eingewöhnung

- Gibt es Rückzugsmöglichkeiten wie Couch, Sessel oder Schaukelstuhl für ein einzelnes Kind?
- Gibt es Nischen, in denen sich zwei bis drei Kinder zum ungestörten Spiel zurückziehen können?
- Gibt es Platz für die Kinder zum Rennen und Toben?

Während der Eingewöhnung

- Gibt es einzelne Kinder, denen wir einen besonderen Zwischenankerplatz anbieten sollten?
- In welchen Funktionsbereichen spielen die Kinder gerade am meisten? Bedarf es hier einer Erweiterung oder Ergänzung?
- Brauchen die Kinder mehr Platz zum Rennen und Toben?
- Welche räumlichen Angebote nutzen die Kinder wenig? Wie kann man sie verändern?

Säule C: Der Raum

Die Elternsitzecke

Des Weiteren sollte es möglich sein, in dem genutzten Raum einen gemütlichen Bereich für die begleitenden Eltern bzw. Bindungspersonen einzurichten. Dieser Bereich ist bestenfalls so zu platzieren, dass die Kinder beim Spielen einen guten Blickkontakt zu den Bindungspersonen haben können. Gleichzeitig sollte der Ort und die entsprechende Sitzanordnung so gewählt werden, dass es den begleitenden Bindungspersonen möglich ist, ungezwungen miteinander ins Gespräch zu kommen.

Ergänzend zu diesem Bereich im Raum, in dem die Eingewöhnung der Kindergruppe stattfindet, wird ein weiterer Raum benötigt, in den die Eltern sich einzeln oder gemeinsam **während der Trennungssituationen** zurückziehen können.

Einige Krippen und Kitas haben im Foyer ein eigens dafür eingerichtetes Elterncafé. Hier können die Bindungspersonen die für sie oftmals emotional herausfordernden ersten Trennungssituationen bei einer Tasse Kaffee oder Tee überbrücken. Dieser Bereich sollte ein Wohlfühlbereich für die Eltern sein, freundlich und gemütlich gestaltet. Hier kann auch eine Mappe mit interessanten Informationen und Geschichten rund um die pädagogische Arbeit mit den Kindern ausliegen.

Eine weitere Idee, um die Trennungszeit zu überbrücken, ist eine Portfolio-Seite, die die Eltern für ihre Kinder gestalten und die ein wenig über die ersten Tage der Eingewöhnung berichtet (vgl. Kapitel 3 „Die Bindungspersonen“, S. 52).

REFLEXIONSFRAGEN

Zur Gestaltung der Elternbereiche

Im Raum bei den Kindern

- Wo im Raum kann eine Sitzecke für die Bindungspersonen eingerichtet werden, von wo aus ein Kind …
  - a) auf dem Schoß der Eltern das Spielgeschehen der anderen Kinder gut verfolgen kann?
  - b) zu seinen Begleitpersonen jederzeit gut Blickkontakt aufnehmen kann?
- Gibt es gemütliche Sitzgelegenheiten für die Begleitpersonen?
- Können die begleitenden Bindungspersonen bei der vorgegebenen Sitzanordnung gut miteinander ins Gespräch kommen?

Separater Bereich während der Trennungsphase

- Welcher Raum oder Ort ist dafür geeignet?
- Ist der Bereich nicht sofort für die Kinder einsehbar?
- Gibt es gemütliche Sitzgelegenheiten für alle Begleitpersonen?
- Gibt es eine angenehme Beleuchtung?
- Ist der Bereich ansprechend gestaltet, z. B. mit Blumen auf dem Tisch?
- Gibt es die Möglichkeit, Kaffee, Tee oder Wasser zu trinken?
- Liegen dort Informationen über die pädagogische Arbeit aus?

TIPP zur Vertiefung

Raumgestaltung
Knauf, Tassilo: Bildungsräume für Kinder von 0 bis 6: der Raum als „dritter Erzieher“; *in: Das Kita-Handbuch*

www.kindergartenpaedagogik.de/fachartikel/raumgestaltung/innenraeume/2076/
(aufgerufen am 17.06.2025)

SÄULE D:
Das Spielmaterial

Gemeinsames Spiel als Ziel

Das gemeinsame Spiel der Kinder ist das eigentliche Ziel der Eingewöhnung in der Peergroup. Um zu wissen, was unter „Spiel" zu verstehen ist, scheint es sinnvoll, das **Spielverhalten** der entsprechenden Altersgruppen näher zu betrachten.
Kinder sind in der Regel im Alter zwischen einem und drei Jahren, wenn sie in eine Kinderbetreuung kommen. Landläufig besteht immer noch die Meinung, dass Kinder in diesem Alter eher nebeneinander als miteinander spielen. Nehmen wir dieses Spielverhalten einmal genauer unter die Lupe.

Kinder im Alter von einem bis drei Jahren haben ein großes Interesse an dem, was andere Kinder tun. Es ist bekannt, dass Kinder in diesem Alter in hohem Maße durch **Nachahmung** lernen. Das Kind **beobachtet** aufmerksam das Tun der anderen Kinder und spielt parallel mit den gleichen Objekten. Dieses **Parallelspiel** wird dann zu einer Strategie, um mit anderen Kindern in Kontakt zu treten.
Als Nächstes werden die Kinder zum ersten Mal miteinander sprechen, sich anlächeln und sich gegenseitig Spielzeug anbieten.

Im zweiten Lebensjahr entwickelt sich in der Regel das **aufeinander bezogene** und **wechselseitige Spiel**.
Die Kinder beginnen, sich abzusprechen und aufeinander einzugehen, beispielsweise beim Fangen oder Verstecken.

Doppeltes Spielmaterial fördert die Kommunikation

In einem Film, den ich vor einigen Jahren auf einer Fachtagung gesehen habe, war in einer Szene gut zu beobachten, wie es den Kindern um ein Vielfaches leichter fiel, miteinander in Kontakt zu kommen, wenn sie **Objekte in doppelter Ausführung** zur Verfügung hatten. Durch das wechselseitige Vor- und Nachmachen mit den gleichen Gegenständen entstand ein nachvollziehbarer und schlüssiger **non-verbaler Dialog**.

In der Zertifikatsreihe „Fachkraft für Frühpädagogik" (Haus Neuland, Bielefeld) hat eine Teilnehmerin genau das in ihrer Praxis nachgestellt und bestätigt. In ihrer Gruppe waren zwei etwa eineinhalb Jahre alte Kinder, die im normalen Spielsetting der Gruppe keinen Kontakt miteinander hatten.

Säule D:
Das Spielmaterial

In der nachgestellten Situation brachte die Fachkraft diese beiden Kinder zunächst in einem unbekannten Raum mit unterschiedlichem Spielmaterial zusammen. Die beiden Kinder spielten wie gewohnt mit dem unterschiedlichen Spielzeug nebeneinanderher und nahmen keinen direkten Kontakt zueinander auf. Dann veränderte die Fachkraft das Spielmaterial, indem sie den Raum mit Gegenständen ausstattete, die immer in doppelter Ausführung vorhanden waren. Das Spielverhalten der beiden Kinder veränderte sich sofort. Sie nahmen die jeweils gleichen Gegenstände, ahmten ihr Tun damit gegenseitig nach und gingen so in Interaktion. Dies setzten die beiden Kinder anschließend in der regulären Spielsituation der Gruppe fort, als die Fachkraft ihnen dort mehrere Objekte und Spielmaterialien in doppelter Ausführung anbot.

Materialerfahrung in den verschiedenen Alters- und Entwicklungsphasen

<table>
<tr><th></th><th>Stufen der Materialerfahrung</th><th>Kognition (Piaget)</th><th>Entwicklung</th><th>Stufen der Spielentwicklung</th></tr>
<tr><td>0–1 Monat</td><td>Basale Bewegungs- und Sinnesschulung</td><td>Reflexverhalten</td><td>Basale Wahrnehmung</td><td rowspan="3">Sensomotorisches Spiel</td></tr>
<tr><td>1–4 Monate</td><td>Taktile Erfahrungen durch Berührung mit Materialien</td><td>Zufallshandlungen</td><td>Zufällige Greifhandlungen</td></tr>
<tr><td>4–8 Monate</td><td>Tasten/Schmecken/Riechen/ Hören der Materialien</td><td>Aktive Wiederholung</td><td>Auge-Hand-Mund-Koordination</td></tr>
<tr><td>8–12 Monate</td><td>Gezieltes Greifen → „Begreifen“ Loslassen → Fallen lassen</td><td>Verbinden von Mittel und Zweck</td><td rowspan="2">Übergänge vom Liegen zum Stand, Beginnende Feinmotorik</td><td>Informationsspiel</td></tr>
<tr><td>12–18 Monate</td><td>Bauen und Konstruieren/ Schütten – Umfüllen</td><td>Experimentieren</td><td rowspan="2">Konstruktionsspiel</td></tr>
<tr><td>18–24 Monate</td><td>Bewegung und Raumerfahrung mit und durch Materialien</td><td>Erfinden</td><td>Grobmotorik fast abgeschlossen</td></tr>
<tr><td>2–4 Jahre</td><td>Symbolhafter Einsatz von Material</td><td>Symbolverständnis</td><td>Sprache</td><td>Nachahmendes Symbolspiel</td></tr>
</table>

Abb.: © Oksana Kuzmina – Shutterstock.com, Tabelle: Anja Cantzler, modifiziert und erweitert nach Köckenberger 1999, S. 9 ff.

Säule D:
Das Spielmaterial

Materialien, die zum Spiel einladen

Bei der Peergroup-Eingewöhnung sollten aus diesem Grund **attraktive Materialien** und **Bewegungsspielzeuge** mehrfach vorhanden sein. Besonders geeignet sind unterschiedliche **Alltagsmaterialien** wie große, stabile Verpackungskartons, Plastikwannen, große Papprollen usw., die durch ihren hohen **Spiel- und Anregungswert** die Kommunikation der Kinder untereinander fördern.
Eine Bewegungsbaustelle oder ein Kriechtunnel mitten im Raum laden zur **gemeinsamen Bewegung** ein.
Wenn es der Raum hergibt, können auch wilde Fahrten und Rennen mit **Rutschautos** zum gemeinsamen Tun anregen: Einer fährt vor, die andere folgt und dann umgekehrt.
Für ältere Kinder ab ca. drei Jahren bietet es sich an, vor allem vielfältige **Rollenspielmaterialien** bereitzustellen, die die Kinder dazu animieren, soziale Spielaktivitäten aufzunehmen. Die Materialien sollten dem Bereich Familie und Haushalt entlehnt sein (Küchenutensilien, Röcke, Hüte und Schals), Arbeits- und Berufswelten abbilden und auch angesagte Abenteuer- und Heldenspiele usw. ermöglichen.
Weitere Begegnungsmöglichkeiten ergeben sich im vielfältig ausgestalteten **Konstruktionsbereich**, der altersentsprechend ausgewählte Bausteine, Fahrzeuge, Tiere und Figuren enthalten sollte.

Übersichtlich und einladend

Aber nicht nur die Auswahl der Spielmaterialien ist entscheidend für die Selbstbildungsprozesse und die Kontaktaufnahme der Kinder. Genauso wichtig ist es, die Materialien ansprechend zu präsentieren. Die Kinder sollten das Spielmaterial immer in **Augenhöhe** und möglichst **frei zugänglich** finden können. Das befähigt sie, selbstbestimmt zu handeln. Denn so können sie ohne die Hilfe der Erwachsenen auf das Spielmaterial zugreifen und eigenständig ihrem Bedürfnis nach Exploration und Kontakt nachgehen.
Gerade in einer neuen Situation erleichtert ein in sich **überschaubares Spielangebot** den Überblick und trägt so zu Sicherheit und Orientierung bei. Wie so oft gilt auch hier: Manchmal ist weniger einfach mehr.

REFLEXIONSFRAGEN

Zur alters- und entwicklungsgemäßen Gestaltung des Spielangebots

- Wie alt sind die einzugewöhnenden Kinder?
- Welches Spielmaterial passt zu deren Alter?
- Was wissen wir bereits über die Spielvorlieben der Kinder?
- Welche Spielmaterialien können wir in doppelter bzw. mehrfacher Ausführung zur Verfügung stellen?
- Sind die Materialien gut zugänglich und einladend angeboten?

Vertrautes Spielzeug als Brücke

Bereits im Vorfeld ist es sinnvoll, die Eltern nach den **Spielvorlieben** der Kinder zu befragen, damit jedes Kind auch auf Anhieb etwas findet, das es zum Spielen anregt (siehe Kopiervorlagen S. 57). Bekannte Spielmaterialien können so eine **Brücke zu dem Spielgeschehen** in der Gruppe bilden.

Manchmal bringen die Kinder auch Spielmaterialien oder Kuscheltiere als sogenannte **Übergangsobjekte** mit (vgl. Kapitel 2 „Erkenntnisse der Transitionsforschung", S. 19). Diese Übergangsobjekte haben für die Kinder in der Regel eine besondere Bedeutung und können die **Kontaktaufnahme unterstützen**.
So hat einmal ein fast vierjähriger Junge beispielsweise ein Stück aus seiner Fossiliensammlung mitgebracht. Mit dem Fossil konnte er mit anderen Kindern in Kontakt kommen.

TIPPS zur Vertiefung

Spielmaterialien
Cantzler, Anja: Exploration mit Alltagsgegenständen und Naturmaterialien;
Kita-Fachtexte 2011

https://www.kita-fachtexte.de/fileadmin/Redaktion/Publikationen/FT_cantzler_2011.pdf (aufgerufen am 17.06.2025)

SÄULE E: Der Tagesablauf

Sicherheit und Orientierung als wichtige Basis

Zu Beginn der Eingewöhnung spielt die **Orientierung** und **Sicherheit** für die Kinder und ihre begleitenden Bindungspersonen eine große Rolle. Dazu trägt ein überschaubar strukturierter, immer wiederkehrender Tagesablauf wesentlich bei.

Wiederholungen geben Sicherheit

Vor allem für jüngere Kinder bietet der Tagesablauf mit seinen **Wiederholungen, Ritualen** und **Regeln** eine wichtige Konstante. Er gibt den Kindern die Möglichkeit, sich zu orientieren, und schafft eine erste Verlässlichkeit. Besonders in der Trennungsphase benötigen sie einen solch strukturierten Ablauf, um die Zeit zwischen der Trennung von ihren Bindungspersonen und dem Abholen möglichst stressarm zu überbrücken.

Ein Tag in einer Kinderbetreuung ist für Kinder zunächst voll von unterschiedlichsten Anforderungen und Eindrücken, die es zu überschauen und einzuordnen gilt. Kinder wenden sich diesen Ereignissen erfahrungsgemäß offen und neugierig zu, wenn sie dafür eine gewisse Handlungssicherheit erlangt haben.

Kinder sind Ereignismenschen

Junge Kinder haben eine andere Zeitvorstellung als Erwachsene. Der Verlauf der Zeit gestaltet sich bei ihnen durch die Abfolge von Ereignissen. Für die ihnen bekannten Handlungen entwickeln die Kinder schon früh eine Vorstellung von der Reihenfolge, in der diese ablaufen. Nach Haug-Schnabel und Bensel können Kinder bereits mit sechs Monaten regelmäßig wiederkehrende Ereignisse gedanklich organisieren.[1]

[1] Vgl. Haug-Schnabel und Bensel 2010, S. 18.

Säule E:
Der Tagesablauf

Der Tagesablauf in der Eingewöhnung

Von Anfang an wird dem Tagesablauf in der Peergroup-Eingewöhnung diese **orientierende Funktion** zugeschrieben. Elemente des gemeinsamen Ankommens, erste Begrüßungsrituale, ein kleiner gemeinsamer Snack o. Ä. sind daher von Anfang an in die ersten Eingewöhnungstage mit den Eltern integriert.
Auf diese Weise lernen die Kinder die wiederkehrenden Abläufe bereits früh in Begleitung ihrer Bindungspersonen kennen.
Und auch die begleitenden Bindungspersonen können sich einen ersten Eindruck von dem verschaffen, was die Kinder in der Kindertagesbetreuung erwarten wird.

Wichtig ist hierbei, dass **die Kinder eingeladen** werden, sich an den verschiedenen Ereignissen des Tages zu beteiligen, sie es jedoch **nicht tun müssen**. Manches Kind braucht den sicheren Hafen der Bindungsperson, um von dort aus alles zunächst einmal in Ruhe zu beobachten und in sich aufzunehmen, bevor es sich aktiv am Alltag und Spielgeschehen beteiligt.

Das tägliche Ankommen in der Gruppe

In den ersten Tagen der Eingewöhnung kommen die Kinder mit ihren Bindungspersonen in einem vereinbarten Zeitfenster vormittags oder nachmittags in die Kindertagesbetreuung und werden von den eingewöhnungsbegleitenden Fachkräften freundlich begrüßt. In der Garderobe ziehen sich die Kinder gegebenenfalls mit Unterstützung der Bindungspersonen aus und um. Dies geschieht automatisch im **Tempo der einzelnen Kinder**.
Jedes Kind betritt anschließend mit der Bindungsperson den Raum, in dem die Eingewöhnung stattfindet, und die Bindungspersonen nehmen in dem für sie vorbereiteten Bereich Platz. Je nach Bedürfnis und Temperament kann sich das Kind bei der Bindungsperson aufhalten, eigenständig auf **Entdeckungstour** gehen oder gemeinsam mit der Bindungsperson den Raum erkunden.
Die eingewöhnungsbegleitenden Fachkräfte lotsen die Eltern und Kinder durch diesen Moment des Ankommens. Dabei sind sie zugewandt und freundlich, bekunden Interesse am Wohlbefinden von Kind und Bindungspersonen und versuchen, die Kinder zu **gemeinsamen Spielkontakten** anzuregen.

Säule E: Der Tagesablauf

Wenn die ersten Trennungsversuche gelungen sind, werden sich **individuelle Begrüßungs- und Verabschiedungsrituale** zwischen den Kindern und ihren Bindungspersonen entwickeln. Diese werden dann Bestandteil der individuellen Handlungsskripte der einzelnen Kinder.

Wenn die Kindergruppe bis dahin gut zusammengewachsen ist und bereits viel Verbundenheit empfindet, ist immer wieder zu beobachten, dass auch die Kinder untereinander Begrüßungsrituale entwickeln, die dem jeweils dazukommenden Kind den morgendlichen Übergang erleichtern.

Sich als Gruppe erleben

Je nach Alter der Kinder und vorhandenen Ritualen können die eingewöhnungsbegleitenden Fachkräfte die Kinder in einem kurzen Sitzkreis sammeln, damit sich die Kinder gemeinsam als Gruppe wahrnehmen und erleben können. Die Fachkraft kann dabei beispielsweise

- mit den Kindern gemeinsam die Anwesenheitsliste durchgehen (Namen kennenlernen, wer gehört dazu, wer fehlt heute ...) oder
- gemeinsam mit den Kindern spielen, tanzen und singen.

Abb.: © Oksana Kuzmina - Shutterstock.com

Essen, Schlafen, Wickeln

Das täglich wiederkehrende **Frühstück** lässt sich in der Regel sehr gut und einfach von Anfang an in die Eingewöhnung integrieren. Die Kinder erfahren in Gegenwart ihrer sicheren Bindungspersonen, dass dies zum Tagesablauf dazugehört.

Sollte das Kind noch am Vormittag oder nach dem Mittagsessen schlafen, bietet es sich an, zumindest gemeinsam mit den Bindungspersonen und den anderen Kindern den **Schlafraum** zu erkunden und kennenzulernen. Jedes Kind kann seinen Schlafplatz wählen. Im besten Fall werden die einzelnen Eltern zunächst bei diesen Ritualen mit einbezogen. Zumindest sollten die Fachkräfte im Vorfeld klären, ob und wie lange das Kind schläft und welche Einschlafrituale und -hilfen das Kind gewohnt ist. Erfahrungsgemäß fühlen sich viele Kinder sicherer, wenn die ihnen vertrauten Kinder anwesend sind, und finden so viel schneller in den Schlaf.
Auch beim **Wickeln** ist es empfehlenswert, die Bindungspersonen anfangs mit einzubeziehen. Die Bindungsperson sollte das Kind zunächst in **Gegenwart einer eingewöhnungsbegleitenden Fachkraft** wickeln. So kann sich die Fachkraft mit den individuellen Abläufen vertraut machen. Wenn das Kind erstes Vertrauen gefasst hat, sollte die Fachkraft das Kind in **Gegenwart der Bindungsperson** wickeln. So erfährt das Kind, dass die Bindungsperson damit einverstanden ist, dass dies nun von der eingewöhnungsbegleitenden Fachkraft übernommen wird. Erst nach dem gelungenen Trennungsprozess wickelt die eingewöhnungsbegleitende Fachkraft das Kind, ohne dass die Bindungspersonen anwesend sind. Aus einer partizipativen Grundhaltung heraus ist es meines Erachtens selbstverständlich, dass sich das Kind die **Fachkraft aussuchen** darf, die es wickelt. Hier zeigt sich ein weiteres Mal der Vorteil, dass von vornherein zwei Fachkräfte den Eingewöhnungsprozess begleiten.

Säule E:
Der Tagesablauf

So viel Struktur wie nötig und so viel Flexibilität wie möglich

Die wiederkehrenden Abläufe sind immer wieder daraufhin zu überprüfen, ob sie in erster Linie dazu dienen, den Kindern Sicherheit und Orientierung zu geben. Die Peergroup-Eingewöhnung und das erwünschte Miteinander in der Peergroup sollten jedoch niemals dazu führen, dass immer alle Kinder alles zur selben Zeit tun sollten. Die **Bedürfnisse des einzelnen Kinds** haben immer **Vorrang** vor der gemeinsamen Tätigkeit in der Gruppe. Das bedeutet beispielsweise: Ist ein Kind müde, dann darf es schlafen und muss nicht auf die anderen warten. Gewickelt wird nach Bedarf und individuell.

Die Peergroup-Eingewöhnung dient nicht der Gleichmacherei und Vereinfachung von Arbeitsabläufen.

Auch das tägliche Nachhause-Gehen braucht Rituale

So wie es morgens nicht immer einfach ist, den Übergang von der Familie in die Kinderbetreuung zu bewältigen, bedarf es auch wiederkehrender Rituale, um sich aus der Kinderbetreuung verabschieden zu können. Gerade in der Peergroup-Eingewöhnung geht es dann darum, das **Spiel** zu **beenden** und sich von den Spielfreunden zu **verabschieden**. Erst wenn dies gelungen ist, können sich viele Kinder auf die Bindungsperson und auf zu Hause freuen.

TIPPS zur Vertiefung

Tagesablauf

Cantzler, Anja: So strukturiert wie nötig, so flexibel wie möglich;
in: kindergarten heute, 38, Ausgabe 4, 2008, S. 45–48

https://www.herder.de/kiga-heute/fachmagazin/archiv/2008-38-jg/4-2008/so-strukturiert-wie-noetig-so-flexibel-wie-moeglich-diesmal-im-blick-der-kindorientierte-tagesablauf/
(aufgerufen am 17.06.2025)

Kleemiß, Hannelore: Rhythmus, Konstanz, Rituale und ihre Bedeutung für die pädagogische Arbeit mit Kindern in den ersten drei Lebensjahren;
KiTa-Fachtexte 2011

https://www.kita-fachtexte.de/fileadmin/Redaktion/Publikationen/FT_kleemissII_rhythmus_2011.pdf
(aufgerufen am 17.06.2025)

SÄULE F: Die Kinder

Die einzugewöhnende Kindergruppe

Wie bereits im Kapitel „Die Peerforschung als Herzstück" (Kapitel 2, S. 21) beschrieben, spielt die Gruppe der einzugewöhnenden Kinder in diesem Eingewöhnungskonzept eine ganz besondere Rolle.
Bei der Peergroup-Eingewöhnung werden **drei bis fünf Kinder**, die auf einem möglichst **ähnlichen Entwicklungsstand** sind, gemeinsam eingewöhnt. Die Anzahl der Kinder ist abhängig von deren Alter. Bis zum zweiten Lebensjahr besteht die Gruppe aus drei Kindern und ab dem zweiten Lebensjahr aus bis zu fünf Kindern.

Die Peerforschung geht davon aus, dass diese Kinder großes Interesse aneinander haben und eine wichtige **Unterstützungsressource** füreinander darstellen.

Die Kinder kommen gemeinsam mit ihren Eltern in die Kinderbetreuung und werden durch die eingewöhnungsbegleitenden Fachkräfte und die vorbereitete Umgebung zum gemeinsamen Spiel angeregt.

Miteinander in Kontakt kommen

In erster Linie geht es darum, dass die Kinder sich in diesem geschützten und überschaubaren Rahmen kennenlernen und miteinander in Kontakt kommen. Sie dürfen nach Herzenslust miteinander spielen und Spaß haben, um möglichst **stabile Spiel- und Freundschaftsbeziehungen** zueinander aufzubauen. Ähnlich einer Spielgruppe (siehe Kapitel 2 „Eltern-Kind-Gruppen als Vorläufer", S. 27) findet dies zunächst in Gegenwart der nahen Bindungspersonen statt.

Bereits im **ersten Lebensjahr** kann man verschiedene Verhaltensweisen beobachten, die der Kontaktaufnahme mit Peers dienen. So **lächeln** Kleinstkinder sich gegenseitig an, **lautieren** miteinander, nähern sich dem Gegenüber und **berühren** sich gegenseitig. Gegen Ende des ersten Lebensjahres kommt es auch schon zum **Austausch von Spielobjekten** und die Kinder ahmen sich gegenseitig nach. Natürlich gibt es auch ab und zu Besitzkonflikte, wenn das eine Kind dem anderen etwas wegnimmt.

Säule F:
Die Kinder

Ab dem zweiten Lebensjahr verwenden die Kinder teilweise die **ersten Worte** bei der Interaktion und beziehen sich eindeutig mit Mimik, Gestik und Körperhaltung auf das jeweilige Gegenüber. Die **Nachahmung** und das Interesse an dem, was das andere Kind tut und hat, nimmt deutlich zu. Kinder in diesem Alter überreichen anderen Kindern Spielobjekte oder nehmen sie sich gegenseitig wieder weg.
Auch **prosoziales Verhalten** wie z. B. Helfen, Trösten und Teilen von Essen, ohne dass ein eigener Vorteil ersichtlich ist, nimmt in diesem Alter zu.

Erfahrungsgemäß ist es bei der **Zusammensetzung der Gruppe** durchaus hilfreich, wenn sich zwei Kinder bereits aus der Krabbel- oder Spielgruppe oder aus der Nachbarschaft kennen.

REFLEXIONSFRAGEN 

Zur Gruppenzusammensetzung im Vorfeld
- Welche Kinder haben in etwa das gleiche (Entwicklungs-)Alter?
- Welche Kinder kennen sich schon aus vorherigen Spiel- und Krabbelgruppen?
- Welche Kinder sind miteinander verwandt?
- Welche Kinder kennen sich bereits aus der Nachbarschaft? Kind-Orientierung vor Peergroup-Orientierung

Kind-Orientierung kommt vor den Interessen der Peergroup

Jedes Kind ist anders. Die Erfahrung zeigt, dass die Eingewöhnungsphase bei jedem Kind unterschiedlich ist. Während manche Kinder sich schon in den ersten Tagen ganz leicht auf den Alltag in der Kinderbetreuung und die Trennung von den Eltern einlassen, brauchen andere bis zu vier Wochen (im Einzelfall auch mehr), um sich in der neuen Situation zurechtzufinden. Daher gibt es auch in der Peergroup-Eingewöhnung **kein Patentrezept** mit fest vorgeschriebenem Zeitpunkt, zu dem beispielsweise eine gemeinsame Trennung aller Kinder von ihren Eltern stattfinden muss.

Eine **goldene Regel** ist, dass die **Bedürfnisse des einzelnen Kindes immer Vorrang vor den Interessen und Bedürfnissen der Gesamtgruppe** haben. Wenn demzufolge ein Kind sich noch nicht von den Bindungspersonen lösen kann, bekommt es die Zeit, die es braucht, auch wenn alle anderen sich bereits von ihren Bindungspersonen lösen konnten.

TIPPS 

Ruhige und zurückhaltende Kinder in der Eingewöhnung
Ruhige und zurückhaltende Kinder müssen sich häufig erst in der neuen Umgebung orientieren. Das tun sie gerne, indem sie beobachten. Oftmals geschieht dies vom sicheren Schoß der Bindungsperson aus.

Ein ruhiges zurückhaltendes Kind braucht:
- viel Zeit, um langsam anzukommen
- Übergangsobjekte, die das Kind an zu Hause erinnern, als Anker
- einfühlsame Fachkräfte, die das Kind nicht drängen und überfordern
- einen entspannten Alltag zu Hause zum Ausgleich
- kein paralleles Abstillen, kein Drängen auf den Windelverzicht o. Ä.[1]

[1] Vgl. Hummel 2021, S. 58 ff.

Säule F:
Die Kinder

TIPPS

Wilde und aufgeschlossene Kinder in der Eingewöhnung

Die Kinder, die eher wild und aufgeschlossen sind, gehen oftmals direkt und ohne große Umwege auf neue Situationen zu. Sie wirken nach außen oft recht kompetent und selbstbewusst. Ihnen fällt es oft leicht, in den Kontakt mit anderen Kindern zu kommen. Sie nehmen gleichzeitig und ungefiltert sämtliche Reize auf, was auch zu Überforderung führen kann, weil diese Kinder keine automatische „Stopp-Taste" haben.

Ein wildes und eher aufgeschlossenes Kind braucht:

- erkennbare Rückzugsorte, an denen es weiter aktiv sein kann
- Möglichkeiten, seine Energie auszuleben
- aktive Spielbegleitung im Sinne von: „Schau mal, so kannst du gut in Kontakt mit den anderen Kindern kommen."
- keine Ausgrenzung oder Absonderung, wenn es gegenüber den anderen Kindern zu laut oder zu impulsiv handelt
- Begleitung bei der Konfliktlösung
- keine verfrühte Trennung, nur weil alles vordergründig leicht und unkompliziert verläuft[2]

Um besser auf die unterschiedlichen Wesensarten der Kinder eingehen zu können, ist es sinnvoll, im **Vorgespräch mit den Eltern** zu erfragen, wie sie ihr Kind einschätzen und was ihr Kind ihrer Meinung nach braucht, um gut in der Gruppe mit den anderen Kindern anzukommen (siehe Kopiervorlage S. 57).

Die anderen Kinder der Gruppe

Selbstverständlich sollen auch die Kinder im Fokus bleiben, die bereits die Kinderbetreuung besuchen. Auch für sie bedeutet die Eingewöhnung neuer Kinder eine große **Veränderung im Gruppengefüge**. Oftmals gehörten sie bislang zu den jüngeren Kindern und werden nun zu den älteren und erfahrenen. Ein Rollenwechsel, den es feinfühlig zu begleiten gilt.

Eine Fachkraft betreut diese Kinder, während die einzugewöhnenden Kinder von zwei anderen Fachkräften begleitet werden. So bleibt eine Bezugsperson dieser Gruppe von Kindern verlässlich erhalten. Die Kinder können ihren **Spielinteressen** zunächst **unabhängig von den neuen Kindern** nachgehen.

Generell sollten die Fachkräfte die **Gruppe darauf vorbereiten**, dass bald neue Kinder dazukommen werden. Die älteren Kinder bekommen je nach Interesse die Gelegenheit, mit den neuen Kindern in Kontakt zu kommen. Erste Berührungspunkte können sich im Außenspielbereich ergeben

Möglicherweise befinden sich in dieser bereits bestehenden Gruppe **Geschwister der neuen Kinder**, die ab und zu mal nach den Eltern und dem Geschwisterkind schauen wollen. Das sollte auf jeden Fall möglich sein. In der Regel werden sie anschließend wieder mit ihren Freunden spielen gehen.

Mehr über das Zusammenführen der bestehenden Kindergruppe und der neuen Kinder können Sie in Kapitel 4 „Der allgemeine Ablauf" (S. 64) nachlesen.

TIPPS zur Vertiefung

Bertelsmann Stiftung; Staatsinstitut für Frühpädagogik (Hrsg.): Wach, neugierig, klug – kompetente Erwachsene für Kinder unter 3. Ein Fortbildungshandbuch, *2. Auflage 2008*
ISBN 978-3-89204-936-4

KitaTalk mit Inke Hummel
Von schüchtern bis wild – was Kinder wirklich brauchen

https://youtu.be/jeaYwi-7jhk
(aufgerufen am 17.06.2025)

---

[2] Vgl. Hummel 2021, S. 142 ff.

SÄULE G:
Die Bindungspersonen

Die Eltern als sicherer Hafen

In der Peergroup-Eingewöhnung werden die Hauptbindungspersonen als sicherer Hafen des Kindes anerkannt und **aktiv in die Eingewöhnung eingebunden**.

Während der ersten ein bis drei Wochen sind daher die begleitenden Elternteile diejenigen, zu denen das Kind jederzeit zurückkehren kann, wenn es **Zuwendung, Trost** und **Schutz** braucht. In Anwesenheit der vertrauten Bindungsperson kann das Kind sich beobachtend und handelnd der neuen Umgebung zuwenden, sich von der sicheren Basis aus mit der noch fremden Umgebung vertraut machen und Schritt für Schritt eine tragfähige Beziehung zu den eingewöhnungsbegleitenden Fachkräften und den anderen Kindern aufbauen.

Für das Kind ist es in dieser Phase wichtig, dass seine **Eltern** möglichst **feinfühlig** auf seine Signale und Bedürfnisse eingehen. Die Fachkräfte sollten daher im Vorfeld mit den begleitenden Eltern deren **Rolle während der Eingewöhnung** besprechen.

TIPP

Rolle der begleitenden Bindungsperson

- sich zurücknehmen und sich eher passiv verhalten
- auf Signale des Kindes eingehen
- da sein, wenn das Kind die Bindungsperson braucht
- ein Kind, das auf dem Schoß sitzen möchte, nicht wegschicken
- mitgehen, wenn das Kind die Bindungsperson auffordert, mitzukommen
- ein Kind, das Spielkontakte mit den anderen Kindern aufnimmt, gewähren lassen und nicht unterbrechen
- ermutigend lächeln, wenn das Kind Blickkontakt aufnimmt
- in den ersten Tagen im Blickfeld des Kindes bleiben
- nie ohne Ankündigung den Raum verlassen

Säule G: Die Bindungspersonen

Die Elterngruppe

Anders als in anderen Modellen nimmt die Gruppe der eingewöhnungsbegleitenden Bindungspersonen eine besondere Rolle ein. Von Anfang an sind **drei bis fünf Bindungspersonen gleichzeitig** anwesend, um ihre Kinder gemeinsam in den ersten Tagen der Eingewöhnung zu begleiten. Wenn sie in dem dafür vorgesehenen Bereich im **Gruppenraum** zusammensitzen, haben sie die Möglichkeit, miteinander in Kontakt zu kommen und sich auszutauschen.

Im **Gespräch mit Gleichgesinnten** lassen sich oftmals entstehende **Unsicherheiten reduzieren** oder auflösen. Die ein oder andere Bindungsperson fühlt sich besser verstanden, weil sie erfährt, dass andere **ähnliche Sorgen** und Bedenken haben. Mit der Situation vertraute und **erfahrene Bindungspersonen** können diejenigen Eltern möglicherweise beruhigen, für die die Eingewöhnung etwas Neues ist. Manchen fällt es durch diese Gemeinschaft leichter, ihr Kind in die Fürsorge der Fachkräfte zu geben.
Zuweilen kennen sich die Beteiligten auch schon aus **Krabbel- und Spielgruppen**. In diesem Fall können sie an bereits bestehende Kontakte anknüpfen und sich gegenseitig bestärken und unterstützen.

Wichtiger Hinweis

Nicht immer kommt es zu diesen positiven Effekten. Es ist nicht ausgeschlossen, dass einzelne Elternteile durch die Anwesenheit anderer eher das Gefühl haben, gemäß dem **Gruppenzwang** schneller loslassen zu müssen. Sie vergleichen sich mit den anderen und fühlen sich damit sehr unwohl. Hier brauchen die eingewöhnungsbegleitenden Fachkräfte viel Feingefühl. Kommunizieren Sie am besten schon im Vorfeld, dass das **Bedürfnis des einzelnen Kindes** an oberster Stelle steht und es nicht darum geht, dass die Kinder so schnell wie möglich ohne Eltern bleiben. **Jedes Kind hat sein eigenes Tempo und jedes Elternteil auch.**

Einzelne Eltern und ihre Bedürfnisse

Entsprechend ihrer ganz persönlichen Geschichte reagieren auch die Eltern in der Eingewöhnung ganz unterschiedlich. Manche ...

- sind ganz **beherzt** und **zuversichtlich**, wenn sie sich von ihrem Kind verabschieden, und vertrauen darauf, dass es ihrem Kind gut in der Kita gehen wird
- versuchen, sich klammheimlich zu verdrücken, während das Kind spielt, um einen **schmerzhaften Abschied** zu **vermeiden**
- kehren dreimal wieder zurück, um sich zu verabschieden, und **würden eigentlich lieber dableiben**
- können sich selbst nur **unter Tränen** von ihrem Kind lösen
- befinden sich **im Zwiespalt**, weil sie einerseits dem Kind Zeit geben wollen, gleichzeitig aber versuchen, den Ablöseprozess zu beschleunigen
- geraten **unter Druck**, weil es bei allen anderen Kindern schon so gut klappt, und fragen deswegen, ob ihr Kind denn überhaupt schon reif für eine Kindertagesbetreuung ist
- bekommen einfach nicht die Kurve und **zögern eine Trennung** von sich aus immer weiter **hinaus**

Wichtig ist, jedem Elternteil und jeder Bindungsperson das Gefühl zu vermitteln, dass **alles sein darf, wie es ist,** und dass gemeinsam Lösungen gefunden werden, die möglichst den **Bedürfnissen aller Beteiligten gerecht** werden.

Säule G:
Die Bindungspersonen

Der Grundstein für die Erziehungs- und Bildungspartnerschaft

Seit Langem ist bekannt, wie wichtig die ersten Wochen der Eingewöhnung für die weitere Zusammenarbeit der Fachkräfte mit den Eltern sind. In dieser Phase wird der Grundstein für eine gelingende Bildungs- und Erziehungspartnerschaft gelegt.
Für viele Eltern stellt sich oftmals zu Beginn die Frage, inwieweit die pädagogischen Fachkräfte das Kind im Blick haben und auf seine Interessen und Bedürfnisse eingehen. Gerade in der Peergroup-Eingewöhnung, wo mehrere Kinder gleichzeitig anwesend sind, gilt es, Eltern glaubhaft zu vermitteln, dass die Fachkräfte durch **gezielte Beobachtungen** in den ersten Tagen und **regelmäßige Reflexionen mit den Eltern** herauszufinden versuchen, **was für jedes einzelne Kind und seine Familie wichtig ist**, damit das Kind gut in der Kindergruppe ankommen kann.

Informationsabende, Schnuppernachmittage, Hospitationen, Elterngespräche und Hausbesuche können diesen Vertrauensaufbau unterstützen.

TIPPS zur Vertiefung

Eingewöhnung im Beziehungsdreieck
Cantzler, Anja: Eingewöhnung im Beziehungsdreieck
(15.6.2020)

https://coaching-cantzler.de/2020/06/15/die-inneren-fragen-des-anfangs-eingewohnung-im-beziehungsdreieck/
(aufgerufen am 17.06.2025)

Prinzip des Guten Grundes
Cantzler, Anja: Das „Prinzip des Guten Grundes" – Grundhaltung für eine Erziehungs- und Bildungspartnerschaft
(1.4.2020)

https://coaching-cantzler.de/2020/04/01/das-prinzip-des-guten-grundes-grundhaltung-fur-eine-erziehungs-und-bildungspartnerschaft/
(aufgerufen am 17.06.2025)

Abb.: © diego cervo – stock.adobe.com

SÄULE H: Die Beobachtung und Dokumentation

Wahrnehmende Beobachtung als Grundlage

Um ein gutes Gelingen der Peergroup-Eingewöhnung zu ermöglichen, müssen die pädagogischen Fachkräfte durch ihr Handeln die **Eigenaktivität** und **Partizipation** des einzelnen Kindes fördern. Hierbei nimmt meines Erachtens die wahrnehmende Beobachtung einen hohen Stellenwert ein.

Die wahrnehmende Beobachtung entstammt der Reggio-Pädagogik. Im Kern geht es dabei darum, die **Interessen und Bedürfnisse des einzelnen Kindes hör- und sichtbar zu machen** und die Rahmenbedingungen so anzupassen, dass das Kind möglichst stressreduziert in der neuen Umgebung ankommen kann.

Die wahrnehmende Beobachtung richtet sich im Allgemeinen auf die **individuellen Tätigkeiten** der Kinder, auf die **räumliche Umgebung**, in der sie stattfinden, und auf die **sozialen Beziehungen**, in die diese eingebettet sind.

Die wahrnehmende Beobachtung ist ein differenziertes Instrument, um während des Eingewöhnungsprozesses herauszufinden, wie es dem Kind gelingt, neue soziale Beziehungen zu den Erwachsenen, in der Peergroup und zu den anderen Kindern einzugehen (siehe Kopiervorlage S. 62).

REFLEXIONSFRAGEN

Für die wahrnehmende Beobachtung

- Wie wirken sich die räumlichen und organisatorischen Gegebenheiten auf den Eingewöhnungsprozess des einzelnen Kindes aus?
- Bekommt das Kind von den Bindungspersonen und/oder eingewöhnungsbegleitenden Fachkräften genug Zeit, um sich in seinem Tempo auf die Herausforderungen der Eingewöhnung einzulassen?
- Wie setzt sich das Kind mit den neuen Gegebenheiten in der Kinderbetreuung auseinander?
- Wie geht es in Interaktion mit den anderen Kindern?
- Woran ist ablesbar, dass das Kind in der neuen Umgebung angekommen ist und sich auf die Beziehungsangebote der anderen Kinder und der eingewöhnungsbegleitenden Fachkräfte einlässt?

Säule H:
Die Beobachtung und Dokumentation

Grundlage für das weitere Vorgehen

Die Beobachtungen können von Kind zu Kind ganz unterschiedlich ausfallen. In jedem Fall wird die Entscheidung darüber, wie die Eingewöhnung in der Gruppe bzw. für das einzelne Kind weitergeht, von diesen Beobachtungen abhängen.

So werden die Kinder, die sich schon gut auf die ersten Trennungsversuche einlassen, auch weiter die Möglichkeit bekommen, die Bindungspersonen zu verabschieden. Einem Kind, das durch sein aktiviertes Bindungsverhaltenssystem signalisiert, dass die Bindungsperson noch länger anwesend sein soll, wird die weitere Begleitung durch die Bindungsperson gewährt.

Das professionelle Handeln der eingewöhnungsbegleitenden Fachkräfte zeigt sich in einer **einfühlsamen und differenzierten Wahrnehmungsfähigkeit**. Die Fachkräfte nutzen ihre Beobachtung, um die nächsten Schritte zu planen und diese mit den Bindungspersonen fachlich nachvollziehbar zu kommunizieren.

Dokumentation der Beobachtungen

Die Beobachtungen sollten über den kompletten Eingewöhnungsprozess mit Film oder Foto und in schriftlicher Form festgehalten werden (siehe Kopiervorlage S.62).
Um Film- und/oder Fotodokumentationen nutzen zu können, ist der **Datenschutz** zu beachten. Die Fachkräfte müssen dazu im Vorfeld die **Einverständniserklärung der Bindungspersonen** schriftlich einholen. Bestenfalls ist die Einverständniserklärung bereits Bestandteil des Betreuungsvertrags.

Die Aufzeichnungen bilden eine wichtige **Reflexionsgrundlage** für den weiteren Verlauf der Eingewöhnung. Sie geben Aufschluss darüber, was das einzelne Kind braucht, um gut in der Gruppe andocken und die Fachkräfte auch als Beziehungspersonen annehmen zu können. Anhand der Beobachtungen planen die beiden eingewöhnungsbegleitenden Fachkräfte in Rücksprache mit den Bindungspersonen die ersten Trennungsversuche.

Nach dem Abschluss einer erfolgreichen Eingewöhnung geben die Aufzeichnungen einen guten **Überblick über den Eingewöhnungsprozess**, der im Gespräch mit den Bindungspersonen im Nachgang reflektiert werden kann.

Des Weiteren bieten die Dokumentationen Material für die **Portfoliogestaltung** und die ersten Bildungs- und Lerngeschichten (siehe Kopiervorlagen S. 59–60).

TIPP zur Portfolioarbeit

Redaktionsteam Verlag an der Ruhr (Hrsg.):
Portfolio zum Klappen, Drehen und Entdecken.
Verlag an der Ruhr: Mühlheim an der Ruhr 2017
ISBN 978-3-8346-3675-1

Spielvorlieben und Bedürfnisse meines Kindes – Elternfragebogen

Name des Kindes: .... Datum: ....

Was spielt Ihr Kind zu Hause am liebsten?

....

....

Mit welchem Spielzeug/Spielmaterial spielt Ihr Kind zu Hause am liebsten?

....

....

Spielt Ihr Kind lieber drinnen oder draußen?

....

....

Ihr Kind ist eher:

- ◯ schüchtern und zurückhaltend
- ◯ offen und geht neugierig auf andere zu
- ◯ wild und impulsiv

Was braucht Ihr Kind Ihrer Meinung nach, um hier gut anzukommen?

....

....

....

....

....

....

Spielvorlieben meines Kindes – Portfolio-Seite

Name des Kindes: .... Datum: ....

Damit spiele ich zu Hause am liebsten: ....

Das ist mein Lieblingsspielzeug/-spielmaterial: ....

Wie sich das Kind zeigt – Bogen für die pädagogische Fachkraft

Name des Kindes: .... Datum: ....

Du spielst am liebsten:

....

Das ist dein bevorzugtes Spielzeug/Spielmaterial, um mit den anderen in Kontakt zu kommen:

....

Du spielst am liebsten mit diesem Kind:

....

Du bist eher ...

- ◯ schüchtern und zurückhaltend
- ◯ offen und neugierig
- ◯ wild und impulsiv

Begründung:

....

....

....

....

....

Das brauchst du, um gut hier anzukommen:

....

....

....

....

Spielvorlieben in der Eingewöhnung – Portfolio-Seite

Name des Kindes: .... Datum: ....

Das spiele ich am liebsten:

Das ist mein Lieblingsspielort:

Das ist meine Peergroup während der Eingewöhnung – Portfolio-Seite

Name des Kindes: .... Datum: ....

Was das Kind braucht – Bogen für die pädagogische Fachkraft

Name des Kindes: .... Datum: ....

Was brauchst du, um gut hier anzukommen?

....

Dies ist hilfreich, damit du dich von der Bindungsperson lösen kannst:

....

....

....

....

Dies ist hilfreich, damit du mit den anderen Kindern in Kontakt kommen kannst:

....

....

....

....

Das können wir noch ausprobieren und tun:

....

....

....

....

....

....

....

....

Die PEERGROUP-EINGEWÖHNUNG in der PRAXIS

© Dave Clark Digital Photo – Shutterstock.com

Das Konzept der Peergroup-Eingewöhnung beschreibt **Rahmenbedingungen** und Abläufe, in denen die Eingewöhnung stattfindet. In der Kinderbetreuung vor Ort gibt es jedoch große **strukturelle** und **personelle Unterschiede**.

So unterscheiden sich **Krippe, Kita und Kindertagespflege** und gleichzeitig ist beispielsweise nicht jede Krippe wie die andere. In der Kindertagespflege gibt es die Einzel- und die Großtagespflege, wobei in der Einzeltagespflege von vornherein nur eine eingewöhnungsbegleitende Fachkraft zur Verfügung steht. Auch die Krippen und Kindertagesstätten sind **konzeptionell oft unterschiedlich** aufgestellt. So findet die Peergroup-Eingewöhnung in der offenen Arbeit andere Voraussetzungen vor als in einem Konzept mit Stammgruppenanbindung.

Hinzu kommt, dass bei Kindern mit besonderem Unterstützungsbedarf oder Kindern mit sogenanntem Migartionshintergrund und/oder Fluchterfahrung eventuell ganz andere Herausforderungen zu bewältigen sind.

Der allgemeine Ablauf

Vorbereitungen im Team

Im Vorfeld fassen die Fachkräfte die angemeldeten Kinder je nach Alter in kleine **Gruppen von drei bis fünf Mitgliedern** zusammen und laden die Kinder mit ihren Eltern zu einem gemeinsamen Termin ein, an dem die eigentliche Eingewöhnung beginnt.

Im Team werden **zwei eingewöhnungsbegleitende Fachkräfte** benannt, die die Kinder und Eltern über den gesamten Zeitraum der Eingewöhnung begleiten. Des Weiteren entscheidet das Team, welcher **Raum** für mindestens zwei Wochen und nach Bedarf für bis zu vier Wochen für die Eingewöhnung zur Verfügung gestellt werden kann.
Soll die Eingewöhnung möglichst **kultursensibel** gestaltet werden, ist es gegebenenfalls notwendig, für die Kennenlernangebote **Dolmetscher** mit einzubeziehen oder Informationen in andere Sprachen zu übersetzen. Vielleicht gibt es eine Fachkraft, die eine der benötigten Sprachen spricht und daher geeignet ist, die Eingewöhnung zu begleiten.

Informationen vor der Eingewöhnung

Im nächsten Schritt treffen sich die Eltern der Kinder, die eingewöhnt werden sollen, bereits vor dem ersten Tag der Eingewöhnung zu einer **Informationsveranstaltung**, um alles Wesentliche rund um die Peergroup-Eingewöhnung zu erfahren. Empfehlenswert ist es, eigens hierfür Broschüren oder Flyer zu erstellen, die die Schritte der Eingewöhnung genau erläutern. Auf diese Weise können die Eltern später jederzeit nachlesen, wie die Peergroup-Eingewöhnung abläuft.

Der allgemeine Ablauf

Erstes Kennenlernen

Nachdem sich die Eltern und die eingewöhnungsbegleitenden Fachkräfte erstmalig auf dem Informationselternabend begegnet sind, geht es im nächsten Schritt darum, sich individuell kennenzulernen. Dazu eignen sich **Erstgespräche**, in denen die Fachkräfte den Eltern zum einen mögliche Fragen beantworten und Sorgen und Bedenken nehmen können. Zum anderen können sie in diesem Gespräch möglichst viel über das Kind erfahren, um während der Eingewöhnung auf seine Vorlieben und Interessen eingehen zu können (siehe Kopiervorlage S. 85 ff.).

Eine Alternative zu einem Erstgespräch in der Krippe, Kita oder bei der Tagespflegeperson kann ein **Hausbesuch** bei der Familie sein. Das kann für die Eltern von Vorteil sein, da sie dabei in ihrer gewohnten Umgebung sind. Beim Hausbesuch lernen die eingewöhnungsbegleitenden Fachkräfte die Kinder schon ein wenig kennen. Auch für das Kind ist es von Vorteil, dass diese Begegnung im vertrauten Umfeld stattfindet.

FRAGEN

- Hat das Kind bereits Erfahrung mit Krabbel-, Spiel- und Turngruppen?
- Wie geht es dort auf andere Kinder zu?
- Löst es sich von den Eltern und spielt mit den anderen Kindern?
- Nimmt es dabei regelmäßig noch Blickkontakt auf oder kehrt zu den Eltern zurück?
- Womit spielt das Kind gerne?
- Wie lässt sich das Kind am besten trösten?
- Fällt es den Eltern selbst eher leicht oder eher schwer, in den Kontakt mit den anderen Eltern zu kommen?
- Welche Unterstützung oder Begleitung wünschen sich die Eltern für die Eingewöhnung?

Diese Gespräche sollten in der Regel immer beide eingewöhnungsbegleitenden Fachkräfte durchführen. Auf diese Weise wird von vorherein deutlich, dass **beide Fachkräfte** gleichwertige Ansprechpartner*innen sind.

Erste **Schnuppernachmittage** in den Peergroups sind eine weitere Möglichkeit für Kinder, Eltern und eingewöhnungsbegleitende Fachkräfte, in Kontakt zu kommen. Diese Treffen sollten möglichst in den Räumlichkeiten veranstaltet werden, wo später die Eingewöhnung der Kinder stattfinden wird.

Je nachdem, wie engagiert die jeweilige Elterngruppe ist, können die Fachkräfte darüber hinaus die Eltern dazu animieren, sich in der ein oder anderen Konstellation schon vorab mit den Kindern auf einem **Spielplatz** zu treffen. Dort können die Kinder miteinander spielen, müssen dies aber nicht zwangsläufig tun. Es kann aber durchaus zu ersten Spielkontakten kommen, an die die Kinder bei der Eingewöhnung anknüpfen können.

In einzelnen Familienzentren gibt es im Vorfeld ein zusätzliches **Spielgruppen-Angebot** für die neuen Kinder mit ihren Eltern, das drei bis sechs Monate vor Eingewöhnungsbeginn an ein bis zwei Tagen pro Woche in den Räumlichkeiten der Kita stattfindet.

Kinder und Eltern können sich dabei untereinander kennenlernen und die Einrichtung erkunden. Die Umsetzung ist im Einzelnen abhängig von den personellen und strukturellen Rahmenbedingungen vor Ort. Meist begleitet dieses Angebot eine zusätzliche Person, die nicht immer Teil des pädagogischen Teams oder eine der zukünftigen eingewöhnungsbegleitenden Fachkräfte ist.

Der allgemeine Ablauf

Ankommen und Orientierung

In den ersten Tagen der Eingewöhnung kommen die Kinder mit ihren Bindungspersonen zum vereinbarten Zeitpunkt vormittags oder nachmittags in die Kinderbetreuung. Dort erwarten sie die beiden eingewöhnungsbegleitenden Fachkräfte in einem separaten, vorbereiteten Raum.

Die Kinder und die Bindungspersonen werden individuell und **persönlich begrüßt**. Dann können die Bindungspersonen in der für sie vorgesehenen Sitzecke Platz nehmen. Je nach Temperament und Wesen kann sich jedes Kind zunächst zu den Eltern setzen oder sich auf die Einladung der eingewöhnungsbegleitenden Fachkräfte hin mit den anderen Kindern vertraut machen und ins Spiel kommen.

Die ersten Tage geht es vor allem darum, sich gegenseitig kennenzulernen und miteinander in Kontakt zu treten. Dabei haben die **Bindungspersonen** die Möglichkeit, ins Gespräch zu kommen, erste Einblicke in das Tagesgeschehen zu bekommen und die eingewöhnungsbegleitenden Fachkräfte im Umgang mit den Kindern zu erleben. Gleichzeitig sind sie der **sichere Hafen**, von dem aus die Kinder starten und zu dem sie jederzeit wieder zurückkehren können, wenn das nötig ist.

Die **Kinder** können und dürfen im eigenen Tempo alles **erkunden** und **entdecken** – mal im direkten Kontakt mit den anderen Kindern, mal vom Schoß der Bindungsperson aus, an der Hand der Bindungsperson oder in Begleitung der eingewöhnungsbegleitenden Fachkraft. In erster Linie geht es dabei darum, die anderen Kinder, die Fachkräfte, die Spielmaterialien und ersten Abläufe im geschützten Rahmen kennenzulernen und sich damit vertraut zu machen.

Die **eingewöhnungsbegleitenden Fachkräfte** nutzen diese ersten Tage, um die Kinder und ihre Bindungspersonen näher kennenzulernen. Sie **beobachten** u. a. das Beziehungsverhalten zwischen dem Kind und seiner Bindungsperson und die ersten Kontaktaufnahmen der Kinder untereinander. Sie laden die Kinder zum gemeinsamen Spiel ein, drängen jedoch zu nichts.

Dieser **Phase des Ankommens und Sich-Orientierens** sind mindestens die ersten drei bis vier Tage gewidmet. Die Kinder bleiben zunächst ein bis zwei Stunden. In dieser Phase kommt es in der Regel zu keinerlei Trennungsversuchen.

Abb.: © Maria Sbytova - Shutterstock.com

Der allgemeine Ablauf

Die einzige Ausnahme ist ein kurzer Gang der einzelnen Bindungspersonen zur Toilette. In Absprache mit den eingewöhnungsbegleitenden Fachkräften verabschieden sich die Bindungspersonen reihum von ihrem Kind mit den Worten: „Ich gehe kurz zur Toilette und bin gleich wieder da." Dies ist eine **erste kurze angekündigte Trennung**, die viele Kinder aus einem anderen Kontext bereits kennen. Sie wissen, dass die Bindungsperson zeitnah zurückkehren wird. Mit der **„Toilettenpause"** lässt sich erstmals ausprobieren, wie sich das Kind während der kurzen Abwesenheit der Bindungsperson verhält. Die Reaktion des einzelnen Kinds auf diese Situation lässt bereits erste Vermutungen zu, wie der erste Trennungsversuch verlaufen könnte.

Mögliche Reaktionen

- Das Kind schaut kurz zur Bindungsperson und spielt dann mit den anderen Kindern weiter.
- Das Kind unterbricht das Spiel, bis die Bindungsperson wieder zurück ist.
- Das Kind unterbricht das Spiel mit den anderen Kindern und sucht die Nähe zur eingewöhnungsbegleitenden Fachkraft als sicherem Hafen.
- Das Kind beginnt zu weinen, sobald die Bindungsperson aus dem Raum ist, und beruhigt sich erst, wenn diese zurückgekehrt ist.
- Das Kind beginnt zu weinen, lässt sich aber auf die Tröstversuche der eingewöhnungsbegleitenden Fachkraft ein.
- Das Kind folgt der Bindungsperson und lässt sich auf keinerlei Tröst- oder Kontaktangebote der Fachkräfte ein.
- Das Kind will der Bindungsperson folgen, lässt sich jedoch auf die Tröst- und Kontaktangebote der Fachkräfte ein.

Der erste Trennungsversuch

In der zweiten Hälfte der ersten Woche ist der erste richtige Trennungsversuch vorgesehen. Er findet ähnlich wie im Berliner Modell frühestens am vierten Tag statt. Dieser Versuch ist wichtig, um die Beobachtungen während der „Toilettenpause" zu bestätigen oder zu revidieren.
Nachdem die Kinder miteinander ins Spiel gekommen sind, verabschieden sich die Bindungspersonen nacheinander von den Kindern und verlassen den Raum. Dabei ist darauf zu achten, dass die Bindungspersonen als erstes gehen, deren Kind signalisiert, dass eine Trennung in Ordnung ist. In einzelnen Fällen gelingt es, dass alle Bindungspersonen gemeinsam gehen können und die Kinder mit oder sogar ohne Anregung der eingewöhnungsbegleitenden Fachkräfte das Spiel nach der Verabschiedung wieder miteinander aufnehmen und fortsetzen.

Die **Reaktion** des einzelnen Kindes entscheidet nun über den weiteren Verlauf des Trennungsversuchs und den weiteren Verlauf der Eingewöhnung (siehe Kopiervorlage S. 88).

Spielt das Kind mit den anderen Kindern weiter, weint es nur kurz oder gar nicht oder lässt es sich von den eingewöhnungsbegleitenden Fachkräften trösten? Diese Beobachtungsmerkmale weisen darauf hin, dass die **Trennungszeiten** in den kommenden Tagen Schritt für Schritt ausgeweitet werden können. Erfahrungsgemäß können die Bindungspersonen in diesem Fall nach etwa zwei Wochen Gesamteingewöhnungszeit bereits nach Hause gehen und die Kinder nehmen im Rahmen der geplanten Betreuungszeiten am Tagesablauf und Gruppengeschehen teil.

Lässt sich ein Kind jedoch nicht von den Fachkräften beruhigen, fordert die Fachkraft die Bindungsperson auf, schnell wieder zum Kind zurückzukehren. In der Regel ist dann davon auszugehen, dass die **Eingewöhnung länger dauern** wird. Ein erneuter Trennungsversuch sollte erst nach zwei bis drei Tagen erfolgen, damit das Kind am Folgetag des ersten Trennungsversuchs erst einmal emotionale Sicherheit in Begleitung der Bindungsperson erfahren kann.

Verlängerung der Trennungszeiten

Ist der erste Trennungsversuch der Kindergruppe von ihren Bindungspersonen gelungen, werden die **Abwesenheitszeiten** der Bindungspersonen Tag für Tag erweitert. Während der ersten Tage bleiben die Bindungspersonen auf jeden Fall in der Einrichtung, falls einem Kind die Trennungszeit noch zu lang ist. Dann ist es wichtig, dass die Bindungsperson möglichst schnell als sichere Basis wieder für das Kind verfügbar ist.

Aus der praktischen Erfahrung im Zusammenhang mit der Trennung haben sich sechs Empfehlungen herauskristallisiert, die bei der Eingewöhnung für die Bindungspersonen hilfreich sein können. Ich nenne sie die **sechs Glückszacken der Eingewöhnung** (in Anlehnung an eine Anregung aus dem Abschlussmodul der Zertifikatsreihe „Fachkraft für Frühpädagogik" im Haus Neuland in Bielefeld 2022). Die eingewöhnungsbegleitenden Fachkräfte können den Stern aus Tonpapier ausschneiden, die Empfehlungen hineinschreiben und den Stern den Bindungspersonen zu Beginn der Eingewöhnung aushändigen.

Die 6 Glückszacken der Eingewöhnung

- Nehmen Sie sich Zeit und gemeinsam sagen wir uns: „Wir haben alle Zeit der Welt."
- Vermitteln Sie Ihrem Kind ein positives Gefühl.
- Ihr Kind entscheidet, wann es sich löst, und gibt Ihnen Signale.
- Lassen Sie Ihr Kind erforschen und halten Sie sich zurück.
- Sie werden immer die Nummer eins für Ihr Kind bleiben.
- Sprechen Sie uns jederzeit an!

Die 6 Glückszacken der Eingewöhnung

Der allgemeine Ablauf

Wenn Loslassen schwerfällt

Manchmal lässt sich beobachten, dass die Trennungsschwierigkeiten weniger vom Kind ausgehen, sondern dass sich die **Bindungspersonen mit der Trennung** schwertun. In diesem Fall brauchen die Fachkräfte viel Fingerspitzengefühl und einen verstehenden Zugang, um herauszufinden, was bei den Bindungspersonen die Ursache sein könnte.

TIPP zur Vertiefung

Cantzler, Anja: Wenn loslassen schwerfällt! *(22.9.2020)*

https://coaching-cantzler.de/2020/09/22/wenn-loslassen-schwer-fallt/
(aufgerufen am 17.06.2025)

Zusammenführen der Gruppen

Haben sich die einzugewöhnenden Kinder als Gruppe gefunden und sind die Bindungspersonen mittlerweile eher im Hintergrund oder bereits nicht mehr in der Einrichtung, werden nun die Eingewöhnungskinder mit den anderen Kindern zusammengeführt. Dies geschieht oftmals ab **Mitte der zweiten Woche** der Eingewöhnung.

Im besten Fall gab es bereits in den ersten Tagen der Eingewöhnung **erste Begegnungen** mit den anderen Kindern und Mitarbeitenden im Außengelände und im Haus. Vielleicht haben die anderen Kinder bereits erste **neugierige Besuche** bei den Eingewöhnungskindern gemacht oder die einzugewöhnenden Kinder waren bereits selbst auf **Entdeckungstour** in den Räumlichkeiten der Kinderbetreuung. Auch hier gilt es, die Signale und **Reaktionen** der Kinder gut zu **beobachten** und das weitere Vorgehen daran auszurichten.

TIPP

Signale und Reaktionen, die darauf hinweisen, dass eine weitere Öffnung oder Zusammenführung möglich wäre:

- das Kind oder die einzugewöhnende Kindergruppe schauen interessiert auf, wenn ein anderes Kind dazukommt
- die einzugewöhnende Kindergruppe lässt das andere Kind mitspielen
- ein Teil der Gruppe möchte allein oder mit einer Fachkraft den separaten Raum verlassen und auf Erkundungstour gehen
- die Gruppe der einzugewöhnenden Kinder sucht sich außerhalb des separaten Raums einen neuen Spielbereich und fühlt sich dort sichtlich wohl
- ein Kind oder mehrere Eingewöhnungskinder zeigen Interesse an dem Spiel der anderen Kinder, z. B. im Außenspielbereich, und möchten dort mitspielen

Während des Übergangs sollte der Raum möglichst noch als **Rückzugsort** für die einzugewöhnenden Kinder zur Verfügung stehen, wenn die Voraussetzungen dafür gegeben sind. In den ursprünglichen Projekteinrichtungen war dies oftmals bis zu vier Wochen der Fall, und die Einrichtungen haben sehr gute Erfahrungen damit gemacht.[1]
Ansonsten sollten die eingewöhnungsbegleitenden Fachkräfte auf jeden Fall darauf achten, dass der Kindergruppe oder dem einzelnen Kind auch im normalen Gruppenalltag Nischen und Möglichkeiten zur Verfügung stehen, um sich zumindest zeitweise **aus dem Gesamtgeschehen herausziehen** zu können.

Sollten **zwei Kindergruppen** mehr oder weniger **gleichzeitig** (die eine vormittags und die andere nachmittags) eingewöhnt werden, ist zu überlegen, wie die Zeiten, in denen die Gruppen jeweils anwesend sind, so angenähert werden, dass es zu **Überschneidungen** kommen kann.

[1] Vgl. Fink 2022.

Der allgemeine Ablauf

Exemplarischer Zeitplan

für die Zusammenführung der Vormittags- und Nachmittagsgruppe und der Gesamtgruppe

1. Woche:
9.00–11.00 Uhr Vormittagsgruppe und
14.00–16.00 Uhr Nachmittagsgruppe
mit den jeweiligen ersten Trennungsversuchen

2. Woche:
9.00–12.00 Uhr Vormittagsgruppe
13.00–16.00 Uhr Nachmittagsgruppe
mit den jeweiligen Ablösungen von den Bindungspersonen und den ersten Kontaktaufnahmen zu den anderen Kindern der Gruppe

3. Woche:
Die Vormittagsgruppe kommt *bis 9.00 Uhr* in der Einrichtung an und hat zunächst Zeit, miteinander ins Spiel und gegebenenfalls mit den anderen Kindern in Kontakt zu kommen. Die Betreuungszeit wird nun den vertraglich vereinbarten Zeiten und dem Kind individuell angepasst und schrittweise verlängert.
Die Kinder der Nachmittagsgruppe kommen *zwischen 10.00 und 11.00 Uhr* dazu. Sie bekommen genau wie die Vormittagsgruppe zunächst die Möglichkeit, mit den ihnen vertrauten Kindern ins Spiel zu kommen. Erst nach und nach werden die Betreuungszeiten ausgeweitet.

Die Zusammenführung der Gruppen sollte so **organisch** und **fließend** wie möglich stattfinden. Dazu sind Fingerspitzengefühl und Beobachtung nötig, um zu erkennen, wie die einzelnen Kinder miteinander in Kontakt kommen und welches Kind gegebenenfalls eine individuelle Unterstützung und Begleitung durch die eingewöhnungsbegleitenden Fachkräfte braucht.

4. Woche:
Die Zusammenführung der verschiedenen Gruppen ist in der Regel abgeschlossen und jedes Kind kommt zu der vertraglich vereinbarten Bring- und Betreuungszeit bzw. nach Absprache mit den Bindungspersonen, wie es für das einzelne Kind zu diesem Zeitpunkt am besten zu bewältigen ist.

Dies ist nur **ein möglicher Weg**, wie die Zusammenführung umgesetzt werden kann. In der Praxis ist dies immer je nach den Gegebenheiten und Möglichkeiten vor Ort, den Bedürfnissen der Kinder und den Bedarfen der Bindungspersonen **individuell** zu gestalten.

Der allgemeine Ablauf

Stabilisierungsphase

Die nächsten **zwei bis sechs Wochen** stehen im Zeichen der Stabilisierung der geknüpften Kontakte und Beziehungen. Dies findet in Abwesenheit der Bindungspersonen statt, die jedoch weiterhin erreichbar bleiben müssen, damit die Fachkräfte sie gegebenenfalls kontaktieren können, wenn das Kind signalisiert, dass es die Bindungspersonen braucht.

Die Kinder werden angeregt, ihre **Spielbeziehungen** und **Freundschaften** zu **intensivieren** und viel gemeinsam zu erleben.

Die Fachkräfte signalisieren durch ihre **Präsenz**: „Wir sind da, wenn ihr uns braucht." Gleichzeitig geben sie den Kindern viel Raum für das gemeinsame Spiel.

Gerät ein Kind in **Distress** und bedarf der **Co-Regulation,** ist eine Fachkraft zur Stelle und bietet Unterstützung und Hilfestellung an. Die Kinder erfahren die **Fachkraft als sicheren Hafen**, in dem sie Schutz finden, wenn sie nicht weiterwissen.

Die Kinder erfahren die Kinderbetreuung nun als **geschützten Rahmen**, in dem sie mit ihren Peers gemeinsam Spiel- und Lernerfahrungen machen, Konflikte bewältigen und eigene Lösungen entwickeln können.

Die **Eingewöhnung** gilt als **abgeschlossen**, wenn der Ablösungsprozess von den Eltern morgens ritualisiert stattfindet und das Kind seine Spielkontakte mit den anderen Kindern aufnimmt. Das lässt sich auch daran erkennen, dass sich die Kinder bereits morgens freudig begrüßen und zum gemeinsamen Spiel zusammenfinden, das in der Regel auch dann nicht unterbrochen wird, wenn eine Fachkraft zwischendurch den Raum verlässt. Eine Fachkraft formulierte das einmal wie folgt: „Für die Kinder ist wichtig, *dass* jemand von uns da ist, aber nicht *wer* von uns. Sie spielen beruhigt weiter. Das ist total schön zu beobachten."

Ein wichtiges Signal für emotionale Sicherheit ist außerdem, dass ein Kind, das in **Distress** gerät, sich an die anwesende Fachkraft wendet und sich bei ihr die Unterstützung holt, die es braucht. Außerdem sucht es den Körper- und Blickkontakt, wenn ihm danach ist. Wenn ein Kind sich bei den Fachkräften wohl- und sicher fühlt, wird es die ihm angebotene Hilfestellung dann auch gerne annehmen.

Rückblickende Reflexionsgespräche

Nach ca. **sechs bis zwölf Wochen** sind in der Regel alle Kinder gut in der Kinderbetreuung angekommen. Dann ist es sinnvoll, Reflexionsgespräche mit den einzelnen Bindungspersonen zu führen, um herauszufinden, wie diese die Eingewöhnung erlebt haben und wie zufrieden sie mit der Entwicklung des Kindes und der Zusammenarbeit mit den Fachkräften sind (siehe Kopiervorlage S. 89–92). In diesen Gesprächen wird ein weiterer wichtiger Grundstein für die Bildungs- und Erziehungspartnerschaft gelegt, auf dem die weitere Zusammenarbeit zum Wohl des Kindes basiert.

REFLEXIONSFRAGEN

- Wie haben Sie die Eingewöhnung erlebt, während Sie mit den anderen Bindungspersonen gemeinsam in der Gruppe waren?
- Haben sich dort Kontakte entwickelt, die Sie heute noch pflegen?
- Wie ging es Ihrem Kind in dieser ersten Zeit?
- Wie war für Sie der erste Trennungsversuch und die Trennungsphase?
- Haben Sie Halt und Unterstützung bei den anderen Eltern gefunden?
- Was hat Ihnen in dieser Phase am meisten geholfen?
- Wie geht es Ihnen jetzt?
- Wie erleben Sie Ihr Kind beim Bringen, Abholen und zu Hause?
- Erzählt Ihr Kind von den anderen Kindern bzw. nennt es die Namen der anderen Kinder?
- Was sollten wir zukünftig aus Ihrer Sicht anders machen?

Die Umsetzung in Krippe und Kita

Umsetzung in der Stammgruppe

Krippen und Kitas mit Stammgruppen sind dadurch gekennzeichnet, dass die Gruppen die **Eingewöhnung auf Gruppenebene selbstverantwortlich** gestalten. Hier spielen Personalschlüssel und Räumlichkeiten eine große Rolle. Das Raumangebot begrenzt sich oftmals auf **Gruppen- und Nebenraum**.
Im Sommer kann das Außengelände für die Stammgruppe mitgenutzt werden. Manche Kitas beziehen den **Bewegungsraum** mit ein. Wenn mehrere Gruppen gleichzeitig eingewöhnen, bedarf dies guter Absprachen im gesamten Team.

Auch den **personellen Einsatz** muss die Einrichtung gut planen. Wenn bereits zwei Fachkräfte die Eingewöhnung begleiten, braucht es eine weitere Fachkraft für die Betreuung der anderen Kinder. Obwohl das Zeitfenster für die Peergroup-Eingewöhnung auf ca. zwei Wochen begrenzt ist, kann das für diese Fachkraft herausfordernd werden, wenn beispielsweise die Stammgruppe recht groß ist oder es noch Wickelkinder in dieser Gruppe gibt. In letzterem Fall muss dann gegebenenfalls eine der eingewöhnungsbegleitenden Fachkräfte die stammgruppenbegleitende Fachkraft unterstützen, wenn Kinder gewickelt werden.

Umsetzung in der gruppenübergreifenden Arbeit

Zumindest zeitweise findet in diesem Konzept eine Öffnung der Gruppen statt. Es gibt ein Zeitfenster, in dem die Kinder in den anderen Gruppen spielen gehen können und an gruppenübergreifenden Angeboten teilnehmen. Während der Eingewöhnung können daher beispielsweise die Kinder der **Stammgruppen gruppenübergreifend betreut** werden, während die einzugewöhnenden Kinder jeweils auf Gruppenebene von den entsprechenden Fachkräften begleitet werden.

Räumlich bieten sich das **Außengelände** und der **Bewegungsraum** für die Stammkinder an, während die einzugewöhnenden Kinder den jeweiligen **Stammgruppenraum** kennenlernen können.

Abb.: © Sunflower Light Pro – Shutterstock.com

Umsetzung in der offenen Arbeit

In diesem konzeptionellen Ansatz gibt es keine Gruppenzugehörigkeit mehr. Den Räumen sind die verschiedenen **Funktionsbereiche** oder **Lernwerkstätten** mit den zuständigen Fachkräften zugeordnet. Die Kinder werden in einer sogenannten **Nestgruppe** eingewöhnt und jedes Kind erkundet und erobert von dort aus das Raum- und Spielangebot der Einrichtung.
Für diese Nestgruppe steht in der Regel ein separater Raum zur Verfügung. Alternativ können auch der **Bewegungsraum** oder ein **Funktionsbereich** genutzt werden. Die zwei eingewöhnungsbegleitenden Fachkräfte werden aus dem Gesamtteam gewählt oder sind bereits ganzjährig für die Nestgruppe zuständig. Die anderen Fachkräfte übernehmen die Betreuung der übrigen Kinder in den Funktionsbereichen. Bei Erkrankung, Fortbildung oder Urlaub wird gegebenenfalls ein Funktionsbereich vorübergehend geschlossen und die Fachkraft des geschlossenen Bereichs unterstützt den Eingewöhnungsprozess. Diese flexiblen Verschiebungen von Zuständigkeiten und das Schließen einzelner Bereiche nach Bedarf ist den Fachkräften und den Kindern aus dem Alltag in der Regel vertraut.

Die Umsetzung in der Kindertagespflege

Die Besonderheiten der Kindertagespflege

Die Kindertagespflege ist ähnlich differenziert zu betrachten wie Krippe und Kita. Man unterscheidet die Einzeltagespflege und die Großtagespflege.

Einzeltagespflege

Die Einzeltagespflege ist dadurch gekennzeichnet, dass **eine Tagespflegeperson bis zu fünf Kinder allein** betreut. Wenn nun neue Kinder hinzukommen, hat die Pflegeperson weder eine zweite eingewöhnungsbegleitende Fachkraft an ihrer Seite, noch gibt es jemanden, der sich um die bereits vorhandenen Kinder kümmern kann.

Daher erscheint es als sinnvoll, von vornherein nur **drei Kinder gleichzeitig aufzunehmen**. Damit kann die Tagespflegeperson am ehesten gewährleisten, die besonderen Bedarfe der einzelnen Kinder und ihrer Bindungspersonen im Blick zu haben.

Außerdem sollten für die Eingewöhnung möglichst Zeiten gewählt werden, in denen **keines der anderen Kinder anwesend** ist, sodass sich die Pflegeperson auf die neuen Kinder und die Bindungspersonen voll und ganz einlassen und konzentrieren kann.

Stellt sich während des Eingewöhnungsprozesses heraus, dass ein Kind oder eine Bindungsperson einen **individuelleren Weg** braucht, sollte zeitlich nach Alternativen gesucht und eine Eingewöhnung eins zu eins ermöglicht werden.

Die Tagespflegeperson sollte alle möglichen Weichen durch die **Raumgestaltung** und die **Wahl des Spielmaterials** stellen, damit die Kindergruppe möglichst gut miteinander in Kontakt kommen und **stabile Spielbeziehungen** aufbauen kann.
Dies wird den weiteren Alltag in der Kindertagespflege spürbar erleichtern. Denn es gibt immer wieder Situationen, in denen sich die Tagespflegeperson um die Zubereitung der Mahlzeiten, ein Kind, das gewickelt werden muss, oder das Schlafbedürfnis eines Kindes kümmert. In diesen Momenten ist es sehr hilfreich, wenn die anderen Kinder der Kindergruppe sich gemeinsam und selbstständig beschäftigen können.

Die Umsetzung in der Kindertagespflege

TIPP zur Vertiefung

KitaTalk mit Sabrina Djogo
Eingewöhnung in der Peergroup

https://youtu.be/3Hzum9Q6PyE
(aufgerufen am 17.06.2025)

Großtagespflege

Unter Großtagespflege versteht man in der Regel die gleichzeitige Betreuung von **mehr als fünf Kindern** durch **zwei oder mehr Kindertagespflegepersonen**.

Die **rechtlichen Grundlagen** sind in den **Bundesländern** und **Kommunen** zum Teil sehr unterschiedlich und in manchen Bundesländern gibt es die Großtagespflege als eine Form der Kindertagespflege noch gar nicht. Dies erschwert in diesem Kontext die Einführung der Peergroup-Eingewöhnung und sollte mit den zuständigen Verantwortlichen vor Ort geklärt werden.

Grundsätzlich bietet es sich an, dass die beiden **Kindertagespflegepersonen** sich **gegenseitig unterstützen**. In der Praxis würde eine Pflegeperson die eine Kindergruppe eingewöhnen, während die andere sich um die Kinder kümmert, die mit den Abläufen und den Tagespflegepersonen bereits vertraut sind. Im nächsten Schritt kümmert sich die andere Pflegeperson um eine weitere Gruppe neuer Kinder und Bindungspersonen und die erste betreut die bereits anwesenden Kinder.

Sollte es dann nach der Eingewöhnung zu einem **Krankheits- und Vertretungsfall** kommen, kennen die Kinder bereits die jeweils andere Person und finden Halt innerhalb ihrer Kindergruppe, wenn eine Vertretungskraft von außen dazukommt.

Diese **Rahmenbedingungen** sind aber nicht **überall gegeben** und zum Teil auch gar **nicht erwünscht oder gesetzlich gestützt**. So gibt es nicht überall Vertretungskräfte von außen, was bedeutet, dass im Krankheitsfall die Kinderbetreuung ausfällt. In einigen Ländern und Kommunen sind die Kinder den einzelnen Pflegekräften direkt zugeordnet, was bedeutet, dass die jeweils andere nicht befugt ist, sich um die Kinder der Kollegin oder des Kollegen zu kümmern. In diesem Fall erübrigt sich jeglicher Nutzen, den eine Peergroup-Eingewöhnung im Regelfall bringen würde.

Hier bleibt ähnlich wie bei der Einzeltagespflege die positive Begleiterscheinung, dass die Kinder sich als Gruppe im gemeinsamen Spiel finden und sich gegenseitig Halt geben, wenn die Tagespflegeperson mit anderen Abläufen beschäftigt ist.
Trotz der Anwesenheit der jeweils anderen Tagespflegeperson handelt es sich in diesem Fall jedoch lediglich um zwei Einzeltagespflegestellen unter einem Dach.

Kinder mit besonderem Unterstützungsbedarf

Dem Mehraufwand begegnen

In vielen Einrichtungen gibt es Kinder mit den unterschiedlichsten **Behinderungen** und **Beeinträchtigungen**, die einen besonderen Unterstützungsbedarf haben. Die Diagnosen sind hierbei sehr vielfältig und können daher nicht im Detail behandelt werden.

Wichtig ist in diesem Zusammenhang jedoch, dass viele dieser Kinder und ihrer Familien eine **intensivere Unterstützung** bei dem Übergang von zu Hause in die Kinderbetreuung benötigen. Das hat einen gewissen Mehraufwand im Vorfeld und auch beim eigentlichen Eingewöhnungsprozess zur Folge.

Für die Peergroup-Eingewöhnung erscheint es in diesen Fällen als sehr sinnvoll, die entsprechende **heilpädagogisch ausgebildete Fachkraft** mit in die Eingewöhnung einzubeziehen – entweder als zweite oder auch als dritte eingewöhnungsbegleitende Fachkraft. Mit ihrem speziellen Fach- und Hintergrundwissen kann sie das Kind gezielt beobachten, erkennen, was es braucht, um mit den anderen Kindern in Kontakt zu kommen, und dafür den Rahmen schaffen.

Ängste und Sorgen ernst nehmen

Die Bindungspersonen dieser Kinder bringen oftmals spezifische Ängste und Sorgen mit. Je nach Beeinträchtigung ihres Kindes hegen sie **Zweifel**, ob ihr Kind diesen Übergang bewältigen kann und von den anderen Kindern angenommen wird.

Der **Kontakt zu den anderen Bindungspersonen** kann bei diesen Ängsten oft entlastend wirken. Es tut beispielsweise gut, zu merken, dass viele Ängste und Sorgen ganz unabhängig von irgendwelchen Beeinträchtigungen bei vielen Bindungspersonen ähnlich sind. Und es ist sicherlich erleichternd, zu beobachten, wie die anderen Kinder sich auf das eigene Kind einlassen und mit ihm eine Spielbeziehung eingehen.

Doch kann dies auch anders verlaufen. Wenn die **Eltern ihr Kind mit den anderen Kindern vergleichen** und ihnen dabei die erlebten Unzulänglichkeiten des eigenen Kindes deutlich werden und wenn sich das Kind sehr schwertut, in Kontakt mit den anderen Kindern zu kommen, können sich für sie die anfänglichen Zweifel eher bestätigen.

Dialog und Austausch als vertrauensbildende Basis

Fachkräfte sollten in diesen Fällen in einen engmaschigen Austausch und Dialog mit den Bindungspersonen eintreten. Dabei kann ein sogenanntes **Eingewöhnungstagebuch**, das die Bindungspersonen führen, hilfreich sein (siehe Kopiervorlage S. 94 f.). Dieses Tagebuch können die Eltern auch in digitaler Form über eine App führen. Die eingewöhnungsbegleitenden Fachkräfte lesen die Notizen und geben nach Bedarf Antworten und zusätzliche Informationen.

TIPP

Das Eingewöhnungstagebuch

Die Bindungspersonen werden dazu eingeladen, Gedanken zu der erlebten Eingewöhnung aufzuschreiben.

- Was habe ich heute gesehen und erlebt?
- Was hat mein Kind gemacht?
- Wie habe ich mich dabei gefühlt?
- Was fand ich gut?
- Was hat mich irritiert?
- Was wünsche ich mir anders?
- Was, denke ich, braucht mein Kind?

In jedem Fall sind die eingewöhnungsbegleitenden Fachkräfte bzw. die heilpädagogisch geschulten Fachkräfte gefordert, zu vermitteln und im **vertrauensbildenden Dialog** zu bleiben.

Jedes Kind ist anders

Kinder mit Beeinträchtigungen und besonderem Unterstützungsbedarf sind nie alle gleich. Einige werden sehr gut mit der Peergroup-Eingewöhnung zurechtkommen. Der geschützte Rahmen im separaten Raum und in einer überschaubaren Gruppe hilft oftmals bei der Orientierung in der fremden Umgebung.

Trotzdem kann es im Einzelfall notwendig werden, dem Kind zunächst einmal zu ermöglichen, zu einer der eingewöhnungsbegleitenden Fachkräfte bzw. zu der heilpädagogisch ausgebildeten Fachkraft eine Beziehung aufzubauen, um dann, von dieser sicheren Basis ausgehend, langsam in die Gruppe hineinzuwachsen.

Kinder mit Fluchterfahrung

Besondere Erfahrungshintergründe berücksichtigen

Die Anzahl der Kinder und Familien mit Fluchterfahrungen in der Kinderbetreuung ist in den vergangenen Jahren stetig angestiegen. Der besondere Erfahrungshintergrund, den diese Kinder und Familien mitbringen, ist bei der Peergroup-Eingewöhnung entsprechend zu berücksichtigen.

Viele Kinder haben in ihren Heimatländern und auf dem Fluchtweg **traumatische Erfahrungen** gemacht, wodurch sie teilweise **anders reagieren** als Kinder ohne solche Erfahrungen.

Definition: Trauma

Bei einer traumatischen Erfahrung wird das Selbst- und Weltverständnis erschüttert, indem eine Diskrepanz zwischen einer bedrohlichen Situation und den eigenen Bewältigungsmöglichkeiten erlebt wird. Diese Diskrepanz weckt ein Gefühl von Hilflosigkeit und Schutzlosigkeit.[1]

[1] Vgl. Fischer und Riedesser 1999, S. 83.

Abb.: © Sharomka - Shutterstock.com

Vertrauensaufbau als Ziel

Diese Erfahrungen erschweren es den Kindern oftmals, zu unbekannten Menschen **Vertrauen aufzubauen**. Der Übergang in eine völlig fremde Umgebung ist bereits ohne Fluchterfahrung für viele Kinder eine große Herausforderung und mit Stress verbunden. Kommt nun noch eine Fluchterfahrung hinzu, kann dies das **Stressempfinden** eines Kindes hochgradig potenzieren. Je nachdem, wie kurz die Fluchterfahrung zurückliegt, zeigen die Kinder, aber auch ihre engsten Bindungspersonen starke **Verlust- und Trennungsängste**. Häufig ist daher damit zu rechnen, dass die Eingewöhnung, unabhängig vom Modell, länger als bei anderen Kindern dauern kann.
Die eingewöhnungsbegleitenden Fachkräfte brauchen daher sehr viel **Einfühlungsvermögen** und eine gute **Beobachtungsgabe**.

Überschaubarer Rahmen gibt Sicherheit

Die Tatsache, dass die Peergroup-Eingewöhnung in einem überschaubaren Rahmen – in einem separaten Raum und einer kleineren Kindergruppe – stattfindet, kann sich durchaus als hilfreich und unterstützend für Kinder mit Fluchterfahrung erweisen.

Sie können zunächst einmal einige wenige andere Kinder kennenlernen. Alles ist in der Regel etwas **ruhiger** und **überschaubarer** und damit für das Kind **berechenbarer**. Es strömen weniger Eindrücke auf das Kind ein, was insgesamt **weniger stressauslösend** wirkt. Das geflüchtete Kind kann sich so oftmals besser auf die neue Umgebung und die neuen Menschen einlassen.

Die anderen Kinder können für das Kind durchaus zu **Modellen** werden, wie man sich in dieser Umgebung zurechtfinden und sich von den Bindungspersonen lösen kann. Kinder untereinander verständigen sich durch **Mimik** und **Gestik** und es bedarf nicht vieler Worte. Das verringert die Sprachbarriere, die teilweise zu den erwachsenen Kräften besteht.

Oftmals fällt es Kindern leichter, die ersten **Kontakte zu Gleichaltrigen** aufzubauen als zu den noch fremden erwachsenen Fachkräften. In der Regel geht für sie von Gleichaltrigen gefühlt weniger Gefahr aus als von fremden Erwachsenen, die sie möglicherweise im Heimatland oder auf der Flucht negativ erlebt haben.

Wird eine Situation von einem geflüchteten Kind als bedrohlich eingestuft, wird es mit den typischen **stressbedingten Bewältigungsstrategien** reagieren: **Flucht, Angriff** oder **Erstarren**. Zeigt ein Kind solche Reaktionen, sind besonders viel **Ruhe** und **Geduld** notwendig, damit das Kind in der sicheren Begleitung durch die Bindungspersonen in der neuen Umgebung ankommen kann.

Kinder mit Fluchterfahrung

Ein kultursensitiver Blick

Das Verhalten der Bindungspersonen während der Eingewöhnung kann sehr unterschiedlich ausfallen. Gehören sie einer eher **autonomiegeprägten** Familienkultur an, werden sich die Bindungspersonen voraussichtlich Zeit für die Eingewöhnung ihres Kindes nehmen, damit das Kind eine gute Beziehung zu den eingewöhnungsbegleitenden Fachkräften und den anderen Kindern aufbauen kann (vgl. Kapitel 2 „Die zunehmende Kulturvielfalt", S. 24).

Sind die Bindungspersonen eher **verbundenheitsorientiert**, ist ihnen eine schrittweise Eingewöhnung in Begleitung der Bindungspersonen eher unbekannt. Sie setzen dann oftmals voraus, dass das Kind in der neuen Gemeinschaft schnell zurechtkommen wird, da es das Eingebundensein in einer Gemeinschaft von der eigenen Familie her kennt. In diesem Fall kann es passieren, dass die Bindungspersonen ihr Kind bringen und sofort wieder gehen wollen (vgl. Kapitel 2 „Die zunehmende Kulturvielfalt", S. 24).

Die Peergroup-Eingewöhnung kann hier gegebenenfalls an etwas anknüpfen, das den Bindungspersonen aus ihrer eigenen Kultur vertraut ist. In der Erwachsenengruppe zusammenzusitzen und sich kennenzulernen, während die Kinder miteinander spielen, knüpft an den verbundenheitsorientierten Gedanken an, dass das Kind Teil einer Gemeinschaft und nicht zwangsläufig nur eine erwachsene Person für ein Kind zuständig ist. Dieses Setting vermittelt ein **vertrautes Gemeinschaftsgefühl** und Miteinander.

Hilfreich ist dabei auf jeden Fall, **Sprachmittler*innen** einzusetzen. Das können Eltern, Fachkräfte oder Dolmetscher*innen sein.

Kindern und Eltern Zeit geben

Je nachdem, welche Erfahrungen die Familie in ihrem Heimatland oder auf der Flucht gemacht hat, sind die Bindungspersonen vielleicht selbst noch gar nicht in der Lage, so viel **Vertrauen** aufzubringen, um ihr Kind in die Obhut der Fachkräfte zu geben. In diesem Fall ist es wichtig, die Bindungsperson und das Kind ganz individuell zu begleiten. **Trennungsversuche** jeglicher Art sind dann zunächst zu unterlassen. Hier gilt die goldene Regel, dass die **Bedürfnisse des Kindes und seiner Bindungspersonen** immer Vorrang haben, unabhängig davon, wie bei den anderen Kindern der Ablöse- und Trennungsprozess verläuft.

Vielleicht gibt es für den Übergang **andere Betreuungsformen** im Umfeld der Kinderbetreuung, wie z. B. Spielgruppen für Eltern mit Kindern, sodass die Familien zunächst einmal in der neuen Umgebung ankommen und sich orientieren können, ohne den Druck zu haben, sich schnellstmöglich von ihrem Kind trennen zu müssen.

TIPPS zur Vertiefung

KitaTalk mit Corinna Scherwath
Die Kita als sicherer Ort für Kinder mit und ohne Fluchterfahrung

https://youtu.be/wQ8ByaNsUhI
(aufgerufen am 17.06.2025)

KitaTalk mit Karolin Schneider
Die Eingewöhnung kultursensibel gestalten

https://youtu.be/H6rZrAYpdZw
(aufgerufen am 17.06.2025)

Fehlannahmen im Eingewöhnungsprozess

Jedes Kind ist anders traurig

So unterschiedlich die Kinder und Familien sind, so unterschiedlich verlaufen die verschiedenen Eingewöhnungsprozesse auch in der Peergroup-Eingewöhnung. In der Praxis begegnen den Fachkräften neben den Kindern, die ihrem Trennungsschmerz durch Tränen Ausdruck verleihen, einzelne, bei denen **keine Tränen** auftreten oder die Tränen sehr schnell verschwunden sind.

In diesen Fällen besteht die Gefahr der **Fehleinschätzung**, dass das Kind bereits gut angekommen und damit die Eingewöhnung abgeschlossen ist.

Das neugierige, interessierte Kind

Manches Kind spielt ununterbrochen und begibt sich neugierig auf Entdeckungstour. Es ist sehr beschäftigt mit dem neuen Raum, dem neuen Spielmaterial und den neuen Kindern. Durch den **Reiz des Neuen** bleibt ihm zunächst **keine Zeit für Trauergefühle**. Es trennt sich gut und unproblematisch von den Bindungspersonen. Der **Einbruch** kommt oftmals nach **sechs bis acht Wochen**, wenn der Reiz des Neuen verschwunden ist. Dann tritt erstmals Langeweile auf und die Trauer um die Bindungspersonen setzt ein. Das Kind wird **traurig, weinerlich** und manchmal **auch aggressiv**. Es zeigt jetzt seine Emotionen in voller Bandbreite.

In diesem Fall ist es hilfreich, die Bindungspersonen zu bitten, vorübergehend einen Moment länger zu bleiben und die Traurigkeit des Kindes entsprechend zu begleiten.

Fehlannahmen im Eingewöhnungsprozess

Das kommunikative, aufgeschlossene Kind

Kinder, die von der Persönlichkeit her eher offen, zugänglich und kommunikativ sind, werden manchmal **überfordert** und ebenfalls **falsch eingeschätzt.** Aufgrund ihrer fröhlichen und aufgeschlossenen Art liegt die Vermutung nahe, dass die Eingewöhnung ganz schnell und unkompliziert stattfinden wird. Das führt dazu, dass der **Eingewöhnungsprozess** verkürzt wird, was bei manchen dieser Kinder zur Folge hat, dass sie bei längerer Abwesenheit der Eltern auf einmal viel **gehemmter** und **zurückhaltender** werden.

Bevor die Fachkräfte für ein solches Kind eine längere Trennung planen, sollten sie das **Spielverhalten** des Kindes genauer unter die Lupe nehmen, sobald die Eltern für eine längere Zeit abwesend sind.

Das zeitverzögert reagierende Kind

Bei einigen Kindern, die **zunächst unbekümmert** mit der neuen Situation umgehen, sodass die Trennung von den Eltern vorzeitig herbeigeführt wird, kann es vorkommen, dass sie **zeitverzögert** mit starken Gefühlen und **Ablehnung** gegenüber der neuen Situation reagieren.

Fachkräfte müssen in diesem Fall die Gefühle des Kindes angemessen begleiten, damit das Kind die neue Situation und die damit verbundene Trennung von den Bindungspersonen akzeptieren und für sich integrieren kann.

Auch hier sollte die eingewöhnungsbegleitende Fachkraft den Mut aufbringen, die Eltern noch einmal zurückzubitten, um den verpassten Loslösungsprozess nachzuholen.

Das bei der Verabschiedung jammernde und weinende Kind

Eine weitere typische Situation ist, dass ein Kind bei der Verabschiedung zwar weint, sich aber schnell wieder beruhigt, sobald die Eltern weg sind.

In diesem Fall sollten die Fachkräfte gut beobachten, ob das Kind wirklich fröhlich spielen geht. Manche Kinder zeigen nach der Verabschiedung von den Eltern nämlich ein recht **lethargisches Verhalten**, haben permanent **gerötete Augen, jammern** still vor sich hin, werden anhänglich oder zeigen vielfältige **Krankheitssymptome**. All das sind ernst zu nehmende Anzeichen von **Stress**.

In einem solchen Fall sind die Bindungspersonen möglichst wieder ins Boot zu holen. Die Fachkraft sollte zum Wohle des Kindes mit den Bindungspersonen besprechen, was möglich ist oder ob es eine andere Bindungsperson gibt, die das Kind noch eine Weile begleiten kann.

Können die Bindungspersonen dies nicht leisten, brauchen diese Kinder die eingewöhnungsbegleitende Fachkraft als verlässliche Beziehungsperson, die bereit ist, dem Kind viel **Nähe** und möglichst auch **Körperkontakt** anzubieten.

Das negative Gefühle vermeidende Kind

Schließlich gibt es die Kinder, die es vermeiden, ihre negativen Gefühle in einer Trennungssituation zu zeigen. Sie **reagieren nicht**, wenn die Bindungspersonen gehen, und sie zeigen auch keine freudige Reaktion, wenn die Bindungspersonen wiederkommen. Während der Abwesenheit der Eltern nehmen sie **selten Kontakt zu den pädagogischen Fachkräften** auf.
Auch wenn diese Kinder in der Eingewöhnung recht unbeeindruckt wirken, weisen sie in der Regel einen sehr hohen **Stresspegel** auf. Sie bedürfen der besonderen Aufmerksamkeit und **Ansprache**, da sie erst lernen müssen, dass jemand ihre Gefühle wahr- und ernst nimmt.
In diesen Fällen ist das **Einfühlungsvermögen** der Fachkräfte besonders gefordert. Diese Kinder brauchen eine enge **sprachliche Begleitung**, bei der ihre **Gefühle von der Fachkraft benannt** werden. Sie brauchen das eindeutige Signal seitens der Fachkraft: „Ich bin für dich da. Ich bin an dir interessiert. Ich nehme dich und deine Gefühle ernst."

Schlussfolgerung für die Peergroup-Eingewöhnung

In jeder der hier beschriebenen Situationen wird deutlich, dass es in der Peergroup-Eingewöhnung ähnliche **Stolpersteine** gibt wie bei den anderen Eingewöhnungsmodellen. Dies macht die besondere Rolle der eingewöhnungsbegleitenden Fachkräfte noch einmal sehr deutlich. Auch wenn die Kindergruppe den einzugewöhnenden Kindern viel Halt und Unterstützung bietet, braucht das einzelne Kind immer wieder die verlässliche Beziehungsperson, die für das Kind da ist, wenn es sie braucht.

Fragen für das Erstgespräch (1/3)

Name des Kindes: .... Datum: ....

Hat Ihr Kind bereits Erfahrung mit Krabbel-, Spiel- und Turngruppen?
Wenn ja: Um welche Gruppen handelt es sich?

....

....

....

....

Wie geht es dort auf andere Kinder zu?

....

....

....

....

Löst es sich in der Spielgruppe von Ihnen und spielt es mit den anderen Kindern?

....

....

....

....

Womit und mit wem spielt Ihr Kind in der Spielgruppe am liebsten?

....

....

....

....

Fragen für das Erstgespräch (2/3)

Womit spielt Ihr Kind zu Hause gerne?

....

....

....

....

Gibt es Themen, für die sich Ihr Kind gerade besonders interessiert?

....

....

....

....

Spielt Ihr Kind lieber drinnen oder draußen?

....

....

....

Wie lässt sich Ihr Kind am besten trösten?

....

....

....

....

Fragen für das Erstgespräch (3/3)

Hat Ihr Kind ein Übergangsobjekt (z. B. Schnuller, Kuscheltier o. Ä.)?

....

....

....

....

Fällt es Ihnen selbst eher leicht oder eher schwer, in Kontakt mit anderen Eltern zu kommen?

....

....

....

....

Welche Unterstützung/Begleitung wünschen Sie sich für die Eingewöhnung?

....

....

....

....

Kennen Sie bereits andere Eltern und Kinder hier in der Gruppe oder von denen, die mit Ihnen hier neu ankommen?

....

....

....

....

Erster Trennungsversuch – Bogen für die pädagogische Fachkraft

Name des Kindes: .... Datum: ....

So hast du auf den ersten Trennungsversuch reagiert:

....

....

....

....

Aufgrund dieser Reaktion vermuten wir Folgendes für den weiteren Eingewöhnungsverlauf:

....

....

....

....

....

Das wollen wir als Nächstes tun:

....

....

....

....

....

Reflexionsgespräch mit den Eltern am Ende der Eingewöhnung – Elternfragebogen (1/3)

Name des Kindes: .... Datum: ....

Wie haben Sie die Eingewöhnung erlebt, während Sie mit den anderen Bindungspersonen gemeinsam in der Gruppe waren?

....

....

....

....

Haben sich dort Kontakte entwickelt, die Sie heute noch pflegen?

....

....

....

....

Wie ging es Ihrem Kind in den ersten Tagen der Eingewöhnung?

....

....

....

....

Gibt es etwas, das Sie in den ersten Tagen der Eingewöhnung besonders gefreut hat?

....

....

....

....

Reflexionsgespräch mit den Eltern am Ende der Eingewöhnung – Elternfragebogen (2/3)

Wie waren für Sie der erste Trennungsversuch und die Trennungsphase?

....

....

....

....

Haben Sie Halt und Unterstützung bei den anderen Eltern gefunden?

....

....

....

....

Was hat Ihnen in dieser Phase am meisten geholfen?

....

....

....

....

Gibt es etwas, das Sie im Nachhinein noch irritiert und was Sie sich anders gewünscht hätten?

....

....

....

....

Reflexionsgespräch mit den Eltern am Ende der Eingewöhnung – Elternfragebogen (3/3)

Wie geht es Ihnen jetzt?

....

....

....

....

Wie erleben Sie Ihr Kind beim Bringen, Abholen und zu Hause?

....

....

....

....

Erzählt Ihr Kind von den anderen Kindern bzw. nennt es die Namen der anderen Kinder?

....

....

....

....

Weitere Bemerkungen

....

....

....

....

Reflexionsgespräch am Ende der Eingewöhnung mit den Eltern – Bogen für die pädagogische Fachkraft (1/2)

Name des Kindes: .... Datum: ....

So haben wir Sie und Ihr Kind in den ersten Tagen erlebt:

....

....

....

....

....

So haben wir die erste Trennung erlebt:

....

....

....

....

....

So haben wir Ihr Kind in den weiteren Tagen nach der Trennung erlebt:

....

....

....

....

....

Reflexionsgespräch am Ende der Eingewöhnung mit den Eltern – Bogen für die pädagogische Fachkraft (2/2)

So erleben wir Sie und Ihr Kind während des Bringens und Abholens:

....

....

....

....

....

So erleben wir Ihr Kind im Verlauf des Tages im Kontakt mit den anderen Kindern:

....

....

....

....

....

Wenn Ihr Kind Unterstützung und Begleitung braucht, wendet es sich am liebsten an (Name der Fachkraft):

....

....

....

....

Weitere Bemerkungen

....

....

....

Eingewöhnungstagebuch für Eltern (1/2)

Name des Kindes: .... Datum: ....

- Was habe ich heute gesehen und erlebt?
- Was hat mein Kind gemacht?
- Wie habe ich mich dabei gefühlt?
- Was fand ich gut?
- Was hat mich irritiert?
- Was, denke ich, braucht mein Kind?
- Was wünsche ich mir anders?

Eingewöhnungstagebuch für Eltern (2/2)

Eingewöhnungstagebuch für die pädagogische Fachkraft

Name des Kindes: .... Datum: ....

- Was habe ich heute beobachtet und erlebt?
- Was bzw. mit wem hat das Kind gespielt?
- Inwieweit löst sich das Kind von den Bindungspersonen?
- Inwieweit lässt sich das Kind auf die Kontaktangebote der Fachkräfte ein?
- Was braucht das Kind für das weitere Ankommen?

....

....

....

....

....

....

....

....

....

....

....

....

....

....

....

....

TYPISCHE FRAGEN aus der PRAXIS

Wie in allen anderen Modellen steckt auch bei der Peergroup-Eingewöhnung die Herausforderung oftmals im Detail. Trotz bester Vorbereitungen gibt es in der Praxis immer wieder **Überraschungen** und **unvorhergesehene Situationen**, die alle Beteiligten zusätzlich fordern.

Im folgenden Kapitel beschreibe ich einige typische Herausforderungen und gebe Lösungsansätze.

Was tun, wenn ...

... ein Kind während der Eingewöhnung erkrankt?

Dann findet die Eingewöhnung für die anderen Kinder und ihre Bindungspersonen wie geplant statt. Bei dem erkrankten Kind verläuft die weitere Eingewöhnung je nachdem, wie lange es bereits gemeinsam mit den anderen Kindern eingewöhnt wurde und wie lange es krank ist.

Ist das Kind beispielsweise nur **einen Tag abwesend**, ist es in der Regel gut möglich, dass es sich danach wieder in die Gruppe einfindet und mit der entsprechenden Unterstützung der eingewöhnungsbegleitenden Fachkräfte den Faden in der laufenden Eingewöhnung wieder aufnehmen kann.

Hat vor der Erkrankung **bereits eine Trennung von den Bindungspersonen** stattgefunden, ist es sinnvoll, dass die Bindungsperson das Kind zumindest am ersten Tag erneut als sicherer Hafen begleitet.

Fehlt das Kind länger, sollten die Fachkräfte prüfen, ob es in einer später startenden Kindergruppe die **Eingewöhnung noch einmal von vorne** beginnt.

Ist weder das eine noch das andere möglich, begleitet eine Fachkraft das Kind und seine Bindungsperson individuell. Dabei sollte die Fachkraft unbedingt im guten **Dialog mit den Bindungspersonen** des Kindes stehen und die Beobachtungen aller Beteiligten in die Entscheidung über den weiteren Verlauf der Eingewöhnung mit einbeziehen.

... eine eingewöhnungsbegleitende Fachkraft erkrankt?

Für einen kurzen Zeitraum kann die Abwesenheit der erkrankten Fachkraft von der **zweiten Fachkraft aufgefangen und überbrückt** werden, vor allem in der Phase, wenn die Bindungspersonen noch mit im Raum sind. Der erste Trennungsversuch sollte dann auf den Zeitpunkt verschoben werden, wenn die erkrankte Fachkraft wieder zurückgekehrt ist.

Ist mit einer **längeren Abwesenheit** zu rechnen, muss das Team entscheiden, wer die weitere Eingewöhnung mit übernehmen kann. In diesem Fall würde die erkrankte Fachkraft die Eingewöhnung nach ihrer Rückkehr nicht unmittelbar weiterbegleiten.

... ein Geschwisterkind, das bereits in der Einrichtung ist, das einzugewöhnende Geschwisterteil bzw. die Eltern in dem separaten Raum während der Eingewöhnung besuchen möchte?

Das sollte jederzeit in Absprache mit den Eltern und den eingewöhnungsbegleitenden Fachkräften möglich sein, damit sich das ältere Kind **nicht ausgegrenzt** fühlt.

Im Einzelfall **unterstützt das ältere Geschwisterkind** das einzugewöhnende Kind, mit den anderen Kindern ins Spiel zu kommen, oder zeigt ihm, was es in der Einrichtung alles gibt.

Manchmal möchte das Kind einfach nur bei den Eltern sitzen und dabei sein. Auch das ist in Ordnung. Die meisten Kinder gehen in der Regel nach einer Weile wieder mit ihren Freunden und Freundinnen spielen.

Möchte das Geschwisterkind von sich aus nicht wieder in den Gruppenalltag zurückkehren, sollten die Fachkräfte gemeinsam mit den Eltern und gegebenenfalls dem Kind nach Gründen forschen und situationsangemessene Lösungen entwickeln.

Was tun, wenn ...

... alle Bindungspersonen gemeinsam den Raum ohne Probleme verlassen und eine einzelne Bindungsperson sich sichtbar schwer damit tut, loszulassen?

In diesem Fall sollte die Bindungsperson unter keinen Umständen dazu genötigt werden, den Raum mit den anderen Bindungspersonen zu verlassen.

Vielmehr gilt es, die möglichen **Gründe, Ängste** und **Sorgen** in einem Gespräch mit der Bindungsperson herauszufinden, um eine gute Lösung für die Bindungsperson und ihr Kind zu finden.

Oftmals haben ihre Beweggründe in ihrem Ursprung nichts mit der Kinderbetreuung an sich zu tun. Manchmal braucht die Bindungsperson ein wenig **Verständnis** und ein **offenes Ohr**, um das notwendige Vertrauen zu den eingewöhnungsbegleitenden Fachkräften aufbauen zu können. Mit ein wenig **Zeit, Ruhe** und **Geduld** löst sich in der Regel vieles wieder auf.

... der erste Trennungsversuch gut geklappt hat, das Kind einige Tage später jedoch wieder die Anwesenheit seiner Bindungsperson einfordert?

In diesem Fall sollten die Bindungspersonen wieder im Raum bleiben, um dem Kind erneut den entsprechenden **sicheren Hafen** zu geben. Oftmals reichen dafür ein bis zwei Tage aus. Das Kind erfährt dadurch, dass die Fachkräfte seine **Bedürfnisse verstehen und darauf eingehen**. Die nächste Trennung verläuft dann häufig ohne einen weiteren Rückfall.

Sollte es den Bindungspersonen nicht möglich sein, erneut länger zu bleiben, müssen die eingewöhnungsbegleitenden Fachkräfte sehr **einfühlsam** vorgehen. Die Fachkraft, zu der das Kind die größte Nähe zeigt, ist nun gefragt, das Kind angemessen zu **begleiten** und zu **trösten**. Wenn sich das Kind daraufhin wieder aufgeschlossen zeigt, stellt die Fachkraft den Kontakt zu den anderen Kindern her. So kann das Kind von der sicheren Basis, die die Fachkraft ihm bietet, in Beziehung zu den anderen Kindern kommen.

... die Mehrheit der Kinder sich ohne Widerstand von den Bindungspersonen löst und diese gehen lässt, ein Kind jedoch noch nicht so weit ist?

In der Peergroup-Eingewöhnung hat das **Bedürfnis des einzelnen Kindes** immer Vorrang vor den Bedürfnissen der Gruppe. In diesem Fall wird die Fachkraft mit den anderen Kindern Schritt für Schritt die Trennungsphase einläuten und durchführen. Die Bindungspersonen des Kindes, das noch nicht so weit ist, bleiben dagegen so lange als sichere Basis mit dabei, bis das Kind sich ohne größere Schwierigkeiten von den Bindungspersonen lösen kann.

In diesem Szenario konzentriert sich die eine eingewöhnungsbegleitende Fachkraft verstärkt auf den Trennungsprozess der Kindergruppe, während sich die andere um das einzelne Kind kümmert, um ihm **individuell** den Übergang und die Trennung zu erleichtern.

Was tun, wenn ...

... ein Kind die intensive Begleitung einer bestimmten Fachkraft einfordert?

Wie immer bei der Peergroup-Eingewöhnung zählt auch in diesem Fall das **Bedürfnis des einzelnen Kindes**. Die Fachkraft, die das Kind einfordert, bietet sich dem Kind als Beziehungsperson an und versucht, gemeinsam mit ihm den Spielkontakt zu den anderen Kindern herzustellen. Auch hier gibt das Kind den Takt vor.

Manche Fachkräfte befürchten, das Kind zu sehr an sich zu binden, und neigen dazu, das Kind von sich zu weisen. Wenn das Kind jedoch signalisiert, dass es die Zuwendung und Nähe der Fachkraft braucht, dann besteht kein Grund, ihm diese Nähe nicht anzubieten.

Manche Kinder brauchen diese **emotionale Sicherheit** von einer spezifischen erwachsenen Person, um sich dann mit Vertrauen, Mut und Neugierde auf die neue Umgebung und die anderen Kinder einlassen zu können. Einem Kind diese emotionale Sicherheit vorzuenthalten, würde bedeuten, es in seiner Einsamkeit und Not sich selbst zu überlassen.

... ein Kind aufgrund von Vorerfahrungen bereits nach zwei Tagen signalisiert, dass die Bindungspersonen gehen können?

Normalerweise dauert die Phase des Ankommens und der Orientierung drei bis vier Tage. (siehe Kapitel 4 „Ankommen und Orientierung", S. 66). Von diesem zeitlichen Rahmen sollte möglichst nicht abgewichen werden.

In einzelnen Fällen kann es jedoch vorkommen, dass ein Kind bereits Vorerfahrungen aus einer anderen Kinderbetreuung mitbringt und sich daher recht gut von den Bindungspersonen lösen kann. Je nach Alter und Entwicklung sollten die eingewöhnungsbegleitenden Fachkräfte das **Kind** in diesem Fall **mitentscheiden lassen**, ob die Bindungspersonen schon gehen können oder nicht.

Wichtig ist auch, mit den Bindungspersonen zu vereinbaren, wie schnell sie wieder in der Kinderbetreuung sein können, falls es dem Kind ohne Begleitung der vertrauten Personen doch zu viel werden sollte.

Was tun, wenn ...

... ein Kind trotz Einladung und Anleitung nicht ins Spiel mit den anderen Kindern kommt?

Dann braucht das Kind möglicherweise einfach noch Zeit, sich zu orientieren und anzukommen. Diese **Zeit** sollten die Beteiligten dem Kind lassen.

Wenn sich das Kind auf die **Kontaktangebote der Fachkraft** einlässt, sollte die Fachkraft dies bewusst nutzen, um das Kind näher kennenzulernen und mit ihm eine Beziehung aufzubauen. Möchte das Kind von einem bestimmten Ort aus die **anderen Kinder beobachten**, sollte dies einfach möglich sein. Es gibt Kinder, die zunächst alles genau anschauen und in sich aufnehmen. Meist sind dabei die Spiegelneuronen hochaktiv. Dabei handelt es sich um ein verzweigtes System von speziellen Nervenzellen in unserem Gehirn, die durch die Gegenwart anderer Menschen aktiviert werden und im Kind spiegelbildlich die Gefühle oder Körperzustände der anderen Kinder und Erwachsenen wachrufen.

Das Kind ist dadurch voll und ganz damit ausgelastet, zu beobachten und das Beobachtete einzusortieren. Wenn der individuelle Prozess abgeschlossen ist, wird das Kind entweder von sich aus auf die anderen Kinder zugehen oder der Fachkraft signalisieren, dass es jetzt so weit ist und sie es gerne bei der Kontaktaufnahme unterstützen kann.

... ein Kind weder zu den Kindern noch zu einer eingewöhnungsbegleitenden Fachkraft eine Beziehung aufnimmt?

Dies kann ganz unterschiedliche Gründe haben. Um den Grund herauszufinden, ist es hilfreich, mit den Bindungspersonen in den Dialog zu kommen:

- Ist es ein eher zurückhaltendes Kind, das zunächst **beobachtet**, um sich zu orientieren, bevor es Kontakt zu anderen Menschen aufnimmt?
- Hat es **schlechte Erfahrungen** mit Kindern und Erwachsenen gemacht, sodass es jetzt vorsichtig ist? Dies kann vor allem bei Kindern mit Krisen-, Kriegs- oder Fluchterfahrung der Fall sein.
- Hatte das Kind bislang wenig bis gar **keine Kontakte zu fremden Menschen** (z. B. durch Lockdown- und Isolationserfahrungen in einer Pandemie)?
- Haben die **Bindungspersonen Vorbehalte** gegenüber der Kinderbetreuung, die sie unbewusst auf das Kind übertragen?

In der Regel ist das **Gespräch mit den Bindungspersonen** sehr aufschlussreich, sodass die Fachkräfte daraufhin gemeinsam mit den Bindungspersonen Lösungen für das Kind finden können.

Was tun, wenn ...

... die Bindungspersonen sich gegenseitig unter Druck setzen oder eine Bindungsperson sich unter Druck gesetzt fühlt, den ersten Trennungsversucht durchzuführen?

Eine eingewöhnungsbegleitende **Fachkraft** sollte sich in dieser Situation **umgehend in die Gespräche einbringen** und sicherstellen, dass jede Bindungsperson erst dann geht, wenn das jeweilige Kind und auch jede einzelne Bindungsperson bereit dazu ist. Das kann und muss im jeweils **individuellen Tempo** geschehen.

Gegebenenfalls kann die Fachkraft **Einzelgespräche** suchen, um entweder eine antreibende Bindungsperson zu bremsen oder bei anderen Bindungspersonen den **Druck herauszunehmen**.

... ein Kind, nachdem die Eingewöhnung längst abgeschlossen scheint, wieder weint und nicht in die Kinderbetreuung möchte?

Auch hier können ganz unterschiedliche Ursachen der Auslöser sein. Sie werden im Kapitel „Fehlannahmen im Eingewöhnungsprozess" (vgl. S. 82 ff.) detailliert beschrieben.

Die Antwort auf dieses Verhalten ist im Prinzip für alle Ursachen ähnlich. Wenn möglich, sollten die Fachkräfte die **Bindungspersonen kurzzeitig noch einmal in den Eingewöhnungsprozess einbeziehen**. Wie bei jedem anderen Eingewöhnungsmodell ist es auch hier unerlässlich, dass die Bindungspersonen eng mit den Fachkräften zusammenarbeiten.

Auch bleibt die Rolle der eingewöhnungsbegleitenden Fachkräfte unangetastet. Sie sind für die **Co-Regulierung, Assistenz** und **Stressreduktion** zuständig. Trauer, Angst und Wut sind Gefühle, die den Ablöseprozess jederzeit begleiten können. Es ist nicht die Aufgabe der Peergroup, diese Gefühle aufzufangen. Dafür sind und bleiben auch in der Peergroup-Eingewöhnung die Fachkräfte im engen Kontakt mit den Bindungspersonen verantwortlich.

... eine der eingewöhnungsbegleitenden Fachkräfte durch vorschnelles Eingreifen in das Spiel der Kinder die entstehenden Interaktionen und Beziehungen der Kinder unterbricht und stört?

In diesem Fall bedarf es der gemeinsamen **Reflexion im Team** und der intensiven Selbstreflexion. Wie viel Eigenständigkeit gesteht die eingewöhnungsbegleitende Fachkraft den Kindern zu? Wie versteht sie ihre Rolle? Wie schwer fällt es ihr, sich zurückzuhalten? Wie viel Raum gesteht sie den Kindern zu?

Meines Erachtens ist die **biografische Selbstreflexion** ein wesentliches Werkzeug, mit dem jede pädagogische Fachkraft in Krippe, Kita und Kindertagespflege ihr eigenes Fühlen, Denken und Handeln in den Ursprüngen erkennen und, wenn nötig, verändern kann.

KAPITEL 6

DIE BEDEUTUNG DER PEERGROUP BEI ANDEREN TRANSITIONEN

© Savicic – Shutterstock.com

Der Übergang von der Familie in die Kinderbetreuung ist nur ein Übergang von vielen, die ein Mensch im Laufe seines Lebens zu bewältigen hat. Für die Kinder aus der Tagespflege oder Krippe folgt oftmals nach ein bis drei Jahren mit dem Wechsel in eine Kindertagesstätte der nächste Übergang. In einer Kindertagesstätte gibt es intern den Wechsel von den U3- zu den Ü3-Gruppen. Mit sechs Jahren gilt es, den Wechsel von der Kinderbetreuung in die Grundschule zu meistern.

Aus der Transitionsforschung ist bekannt, dass ein Kind durch die Bewältigung eines Übergangs ein Verhaltens- und Deutungsmuster erwirbt, auf das es in seinem weiteren Leben zurückgreifen kann. Hat das Kind einen sanften Übergang erfahren, wird es weiteren Übergängen gegenüber eher aufgeschlossen sein.

In der Peergroup-Eingewöhnung spielen die Peers bei dem Übergang eine besondere Rolle. Ein Kind, das erfahren durfte, dass es auch Unterstützung und Halt bei Gleichaltrigen erhält, wird dies sehr wahrscheinlich auch auf andere Übergänge übertragen können.

Der Übergang von der Kindertagespflege oder Krippe in die Kindertagesstätte

Vorerfahrungen, die die Kinder mitbringen

Einige Kinder wurden in einer Krippe oder Kindertagespflege betreut, bevor sie in eine Kindertagesstätte wechseln.
Je nachdem, wie dort die erste Eingewöhnung gestaltet wurde, kennen diese Kinder möglicherweise bereits eine Peergroup-Eingewöhnung und können auf entsprechende Erfahrungen zurückgreifen.

Anknüpfen an bestehende Spielbeziehungen

Manchmal wechseln Kinder, die sich bereits aus vorherigen Betreuungsangeboten kennen, gemeinsam in die Kindertagesstätte. Dann ist es auf jeden Fall sinnvoll, die Kinder in derselben Gruppe aufzunehmen. So haben sie neben den Bindungspersonen gleichzeitig die ihnen **vertrauten Kinder** bei diesem Übergang an ihrer Seite. Das gibt zusätzlich Halt und Sicherheit. Die Kinder können leichter an die bereits **bestehenden Spielbeziehungen** anknüpfen.

Den Übergang kooperativ gestalten

Ähnlich wie bei dem Wechsel von der Kindertagesstätte in die Schule ist es empfehlenswert, dass die Kinder, die gemeinsam in eine Kindertagesstätte wechseln, **die Kindertagesstätte im Vorfeld** einmal oder mehrere Male zu **besuchen**. So können die Kinder die Räume, die pädagogischen Fachkräfte und die Kinder bereits vorab kennenlernen. **Gemeinsame Besuche** in der Gruppe sind viel leichter als Einzelbesuche, bei denen viel mehr Unbekanntes auf das Kind einströmt.

Eine neue Eingewöhnung beginnt

Die neue Einrichtung wird mit den Kindern und ihren Bindungspersonen ihr eigenes Eingewöhnungsmodell umsetzen. Im besten Fall hat sowohl die Vorgängereinrichtung als auch die neue Kindertagesstätte mit der Peergroup-Eingewöhnung gearbeitet. In diesem Fall können alle Beteiligten auf Bekanntes zurückgreifen, was den Übergangsprozess erfahrungsgemäß deutlich vereinfacht.

Aber auch bei anderen Eingewöhnungskonzepten werden die Kinder mit Erfahrungen aus der Peergroup-Eingewöhnung durchaus wieder Kontakt zu den ihnen bekannten Kindern und/oder neuen Kindern knüpfen, da sie die Kindergruppe bereits als Halt gebendes Element kennenlernen durften.

Der Übergang von U3 zu Ü3

Interne Wechsel berücksichtigen und gestalten

Der interne Wechsel von U3 zu Ü3 wird in vielen Einrichtungen wenig bis gar nicht gezielt gestaltet. Dabei lassen sich viele Elemente aus der Peergroup-Eingewöhnung gerade auf diesen Übergang von Kindern aus der Gruppe der unter Dreijährigen in die Gruppe der über Dreijährigen übertragen.
Oftmals findet der Wechsel kurz vor dem Ende des Kindergartenjahres statt, wenn die angehenden Schulkinder die Einrichtung verlassen und sich die Gruppen umstrukturieren.

Um den **Übergang vorzubereiten**, werden die Kinder ihren Freundschaften und ihrer späteren Zugehörigkeit zu der jeweiligen Gruppe entsprechend in **kleine Peergroups zusammengefasst**. Die Kinder einer solchen Gruppe können bei der Entscheidung, welche Fachkraft sie bei diesem Wechsel prozesshaft begleiten soll, mit einbezogen werden.

Da die meisten Kinder rund um ihren dritten Geburtstag die Gruppe wechseln, sind sie in der Regel sprachlich so weit, dass sie im Vorfeld in ihrer Stammgruppe auf den Wechsel in ersten kleinen **Gesprächsrunden** vorbereitet werden.

Erste Besuche der neuen Bezugsfachkraft

Für die Transitionszeit kann ein zeitlicher Rahmen beispielsweise von Januar bis Juni (oder auch kürzer) festgelegt werden.
In einer mir bekannten Kindertagesstätte gestalten die Fachkräfte der zukünftigen Gruppe bereits Ende Januar Ketten, auf denen das Gruppensymbol und der Name des Kindes abgebildet sind.

In einem ersten Schritt besucht die zukünftige Gruppenfachkraft die Kinder in ihrer gewohnten Umgebung der Stammgruppe und nimmt an einem **Morgenkreis** teil. Sie knüpft erste Kontakte, stellt sich vor und bringt die **Symbolketten** für die Kinder mit.
In den nächsten zwei bis drei Wochen kommt die neue Fachkraft möglichst wöchentlich einmal in den Morgenkreis, um den Kontakt zu den Kindern zu vertiefen.

Symbolkette

Die Symbolketten werden im Laufe des Übergangs Bestandteil eines **Übergangsrituals**. Sie haben einen festen Platz in der Stammgruppe. Die Aufforderung, die Ketten zu holen, kündigt den Kindern jedes Mal an, dass sie nun wieder in die neue Gruppe gehen. Durch dieses Ritual erlangen sie **Sicherheit im Transitionsablauf** und wissen immer vorab: „Gleich geht's los!"

Bis Mitte März haben die Kinder die neue Gruppe in der Regel einige Male besucht. Ab jetzt werden die **Besuchszeiten** auf bis zu **eine Stunde** ausgeweitet. Die Kinder dürfen sich länger in der neuen Gruppe aufhalten. Sie haben nun einen intensiveren Kontakt zu den Bezugsfachkräften, lernen die Kinder der neuen Gruppe kennen und sammeln Erfahrungen mit dem **Spielmaterial**. Die Kinder bekommen außerdem Gelegenheit, an gemeinsamen Aktivitäten wie dem **Morgenkreis** oder dem **Frühstück** teilzunehmen. Die **Bezugsfachkraft** aus der bisherigen Gruppe ist immer noch fester Bestandteil dieses Prozesses und begleitet die Kinder nach wie vor. Sie **nimmt sich allerdings zunehmend zurück** und tritt in den Hintergrund, um die Verantwortung an die neuen Kollegen*innen abzugeben.
Wenn die Besuchszeit zu Ende ist, gehen die Kinder mit ihrer Bezugsfachkraft in ihre Stammgruppe zurück.

Erste Besuche in der neuen Gruppe

Im nächsten Schritt legen die Fachkräfte die Tage fest, an denen die wechselnden Kinder die zukünftigen Gruppen besuchen. Ab Mitte Februar lernen die Wechselkinder ihre neuen Gruppen kennen.

Jeweils nach dem Frühstück nehmen die Kinder ihre Symbolkette und machen sich gemeinsam mit ihrer bisherigen Bezugsfachkraft auf den Weg. Zunächst nehmen sie die anderen **Räumlichkeiten** in Augenschein. Ein weiteres **Kennenlernen auf fremdem Terrain** schließt sich an. Die Kinder erleben die Kinder der neuen Gruppe und die verantwortlichen **Fachkräfte**. Sie begegnen hier auch wieder der Fachkraft, die sie zuvor in ihrer Gruppe besucht hat. Diese Besuche dauern ca. **30 Minuten**. Danach gehen die Kinder wieder zurück in ihre Stammgruppe.

Ausgedehntere Besuche ohne Bezugsfachkraft

Weitere vier Wochen später verlängert sich der Aufenthalt in den zukünftigen Gruppen noch einmal. Die Kinder gehen morgens nach dem Ankommen und einer Begrüßung gemeinsam in die zukünftige Gruppe, um dort am **Morgenkreis** und am **Frühstück** teilzunehmen.
Die Bezugsfachkraft begleitet diesen Prozess noch, zieht sich aber in der Freispielphase zurück und überlässt die Kinder nach einer kurzen Verabschiedung der zukünftigen Bezugsfachkraft. Die alte Bezugsfachkraft bleibt aber weiterhin für die Kinder verfügbar, falls diese das einfordern. Die Wechselkinder werden zunehmend in die Aktionen, Spielphasen und Abläufe der zukünftigen Gruppe integriert.

Illustration Seestern: Anja Boretzki

Der Übergang von U3 zu Ü3

Abschluss der Übergangsphase

Mitte Mai geht der Übergang der U3-Kinder in die Schlussphase. Die bisherige Bezugsfachkraft bringt die Kinder in die neue Gruppe. Es folgt ein kurzer Austausch zwischen den Mitarbeitenden. Die Bezugsfachkraft verabschiedet sich und geht zurück in ihren eigenen Gruppenraum. Die Kinder werden in den **Tagesablauf der neuen Gruppe** integriert, nehmen am Spielgeschehen und anderen Aktionen teil. Zu einem vorab vereinbarten Zeitpunkt kehren die Kinder wieder in ihre Stammgruppe zurück.

Dieser Übergangsprozess umfasst in der Regel die Zeit von Ende Januar bis Juni. Kinder, die den Wechsel in diesem Zeitraum bereits gut bewältigen und **in der neuen Gruppe verbleiben** wollen, sollten dazu die Möglichkeit bekommen. In Absprache mit den Eltern wird das Kind dazu in einem **Abschiedsritual** aus der alten Gruppe verabschiedet und wechselt in die neue Gruppe.

Die stützende Wirkung der Peergroup

Die Peergroup bewältigt den Wechsel in die neue Gruppe gemeinsam. Die bereits geknüpften **sozialen Beziehungen** unterstützen dabei. Die Kinder tragen sich gegenseitig, sprechen sich Mut zu und erfahren Rückhalt durch die Gruppe.

Die Rolle der begleitenden Bezugsfachkraft

Die Bezugsfachkraft der bisherigen Gruppe ist während des Übergangs **Begleiter*in** und **Beobachter*in**. Sie lotst die Kinder durch den Wechsel von U3 nach Ü3 – ähnlich wie bei der Peergroup-Eingewöhnung zu Beginn der Kindergartenzeit. Im Verlauf des Übergangs löst sie sich schrittweise aus den bestehenden Beziehungen und **unterstützt** die Kinder dabei, Beziehungen zu den zukünftigen Bezugsfachkräften aufzubauen, die dann für die nächsten Jahre der sichere Hafen für die Kinder sein werden.

Einbeziehen der Bindungspersonen

Auch die Bindungspersonen sind an diesem Prozess beteiligt. Im Vorfeld führen die Fachkräfte **Gespräche** mit den Bindungspersonen, in denen das geplante Vorgehen besprochen wird. Hilfreich kann auch ein **Flyer** sein, der das Wesentliche zur Übergangsgestaltung aufführt. Ergänzend führen die Fachkräfte Gespräche mit den Bindungspersonen über die jeweiligen Gruppenbesuche. Darüber hinaus laden die zukünftigen Gruppenerzieher*innen die Bindungspersonen zu einem **Kennenlerngespräch** ein. Auf diese Weise werden alle Beteiligten **in den Prozess integriert** und haben die Gelegenheit, diesen aktiv mitzugestalten.

Die Wiedereingewöhnung nach Krisen und Katastrophen

Krisen und ihre Folgen

In den vergangenen Jahren haben krisenhafte Situationen ihre Spuren auch in der Kinderbetreuung hinterlassen. Das Arbeitsfeld erlebte tiefe Einschnitte durch Lockdowns, Isolation und Quarantänemaßnahmen in der **Pandemie**. **Naturkatastrophen** verwüsteten manche Regionen, sodass dort von heute auf morgen die Infrastruktur der Kinderbetreuung zusammenbrach, da manche Betreuungseinrichtungen zumindest vorübergehend geschlossen werden mussten. Nach diesen Krisen kam dann irgendwann der Zeitpunkt, zu dem alle Beteiligten wieder zu einer Art **Normalität** zurückkehren konnten. Dies bedeutete für die Fachkräfte, sich Gedanken über die **Wiedereingewöhnung** der Kinder zu machen.

Wertvolle Erfahrungen für die Zukunft

In dieser Zeit konnten viele Erfahrungen gesammelt werden, auf die zukünftig in der Kinderbetreuung in ähnlichen Situationen zurückgegriffen werden kann.

Vor dem Eintritt der Krise und der dadurch verursachten plötzlichen Schließung haben die meisten Kinder den Übergang von der Familie in die Kinderbetreuung in der Regel bereits einmal bewältigt. Die Kinder, die die Einrichtung bis zu diesem Zeitpunkt unterschiedlich lang besuchten, waren gut angekommen, hatten bereits Freunde gefunden und fühlten sich wohl. Mit der Schließung wurden sie von heute auf morgen und meist auf unbestimmte Zeit aus dem vertrauten Kita-Alltag herausgerissen. Das wurde und wird in der Regel je nach Ressourcen in den Familien mehr oder weniger gut aufgefangen.

Hilfreich ist es in solchen Situationen, dass die Betreuungseinrichtungen weiterhin **Kontakt zu den Kindern und Familien** halten, um ein Stück weit das **Wir-Gefühl aufrechtzuerhalten**. Sobald absehbar ist, dass die Kinder in die Kinderbetreuung zurückkommen können, müssen die Einrichtungen natürlich zunächst einmal viele Rahmenbedingungen klären. In der Pandemie galt es, Abstandsregelungen, Gruppengrößen, Binnendifferenzierung und Infektionsschutz in die tägliche Praxis zu integrieren. Bei Naturkatastrophen fehlt es in der Regel vor allem an Räumlichkeiten, Mobiliar und Spielmaterial.

Die Wiedereingewöhnung nach Krisen und Katastrophen

Erste Vorbereitungen

Trotz aller Hürden und Herausforderungen ist die oberste Priorität, die **Wiedereingewöhnung** trotz aller Vorgaben möglichst **kindgerecht** zu gestalten. Dazu bedarf es einiger Vorbereitungen.
Für einige Kinder ist eine solche Rückkehr in die Kita wie eine **neue Eingewöhnung**. Durch die veränderten Rahmenbedingungen ist den Kindern der ganze Tagesablauf vom Bringen bis zum Abholen noch unbekannt. Daher müssen die Fachkräfte oftmals gemeinsam mit den Kindern und Eltern **neue Rituale** entwickeln.
Aus diesem Grund sollten die Fachkräfte vor dem Tag, an dem die Kinder in die Einrichtung zurückkehren, Kontakt zu den Bindungspersonen aufnehmen und mit ihnen ein **Informationsgespräch per Telefon** führen. Ähnlich wie beim ersten Aufnahmegespräch geht es hierbei darum, die Bindungspersonen über den Tagesablauf, veränderte Bring- und Abholsituationen sowie darüber hinaus im Fall der Pandemie Infektionsschutzmaßnahmen oder Abstandsregelungen zu informieren.
Hilfreich ist es, einen schriftlichen **Leitfaden** zu erstellen, der den Bindungspersonen Orientierung gibt. Mithilfe dieses Leitfadens können die Bindungspersonen ihre Kinder auf die **Veränderungen** vorbereiten. Ergänzend könnte die Einrichtung einen **Einladungsbrief** mit einem Foto von dem Raum und den Fachkräften an die Familien schicken.

Es ist viel passiert

Für die Fachkräfte ist es spannend, wie sich die Kinder während ihrer Abwesenheit von der Einrichtung entwickelt haben. Einige werden **Fortschritte** gemacht und sich weiterentwickelt haben. Andere haben möglicherweise auch **Rückschritte** gemacht. Auf jeden Fall werden die Kinder ganz unterschiedlich bei ihrer Rückkehr in die Kita reagieren:

- Manche Kinder freuen sich, endlich wieder mit anderen Kindern spielen zu können und Anregungen außerhalb der Familie zu bekommen.
- Andere werden sich nach dieser langen Zeit der ungeteilten Aufmerksamkeit nur ungern von den Eltern lösen und trennen.
- Einige Kinder werden verängstigt und verunsichert zurückkehren.

FRAGEN an die Eltern

Um zu verstehen, was das einzelne Kind nun braucht, bietet es sich an, einen neuen Anamnesebogen zu entwickeln (siehe Kopiervorlage S. 113 f.).

Mithilfe dieses Fragebogens können die Fachkräfte bei den Eltern folgende Informationen erfragen:

- Wie haben Sie und Ihr Kind die letzten Wochen erlebt?
- Wie haben Sie und Ihr Kind die Zeit miteinander verbracht?
- Weiß Ihr Kind, warum es nicht in die Kita kommen konnte?
- Haben Sie mit Ihrem Kind über die Geschehnisse gesprochen? Was weiß Ihr Kind darüber?
- Äußert oder zeigt Ihr Kind Ängste, die mit den Geschehnissen in Verbindung stehen?
- Haben Sie an Ihrem Kind Verhaltensveränderungen beobachtet, die für uns wichtig sein könnten?
- Welche Entwicklungsschritte hat Ihr Kind in den letzten Wochen gemacht? Was hat es dazugelernt?
- Freut sich Ihr Kind darauf, wieder in die Kita zu kommen?
- Worauf freut sich Ihr Kind am meisten?
- Wie, vermuten Sie, wird sich Ihr Kind bei der Trennung verhalten?
- Welche neuen Rituale können wir gemeinsam finden, um die Verabschiedung in der veränderten Bringsituation zu gestalten?
- Welches Übergangsobjekt kann dieses Ritual unterstützen?

Die Wiedereingewöhnung nach Krisen und Katastrophen

Bei allen Vorgaben und Empfehlungen sollte auf jeden Fall die Befindlichkeit des Kindes Vorrang haben.

Während der Pandemie durften Bindungspersonen die Einrichtungen häufig nicht betreten. In solchen Fällen war es sehr wertvoll und hilfreich, mit den Bindungspersonen einen **Plan B** zu überlegen, falls ein Kind sich nicht an der Tür von den Eltern verabschieden konnte.

Und dann erst einmal ankommen

Sind die Kinder wieder zurück in der Betreuung, sollten die Fachkräfte zunächst einmal schauen, **was den Kindern guttut** und **Sicherheit** gibt. Die Kinder brauchen möglichst viel Raum und Zeit zum **Spielen**, viel **Bewegung** an der frischen Luft und überschaubare **Tagesstrukturen**.
Besondere Aufmerksamkeit sollten die Fachkräfte den **Sorgen** und **Ängsten** einzelner Kinder schenken und **Fragen**, die aufkommen, nach Bedarf beantworten.

TIPPS zur Vertiefung

KitaTalk mit Corinna Scherwarth
Warum Reden doch manchmal Gold ist

https://www.youtube.com/watch?v=2BtCQttnU6o
(aufgerufen am 17.06.2025)

Paic, Mareike
Phil, der Sorgenschmelzer und seine Kummerkumpel

https://coaching-cantzler.de/2021/02/23/phil-der-sorgenschmelzer-und-seine-kummerkumpel/
(aufgerufen am 17.06.2025)

Der Wechsel in die Schule

Mit Freude und Spannung in einen neuen Lebensabschnitt

Ein weiterer besonderer Übergang ist der Wechsel von der Kinderbetreuung in die Grundschule. Die Kinder sind in ihrem letzten Jahr in der Kinderbetreuung die „Großen" und haben schon eine Menge gelernt. Die meisten freuen sich auf die Schule und sind gespannt, was sie dort erwartet.

Kinder sind in dieser Phase sehr **wissbegierig** und **lernmotiviert**. Viele Einrichtungen der Kinderbetreuung nutzen diese **positive Energie**, um Projekte und Lernangebote in sogenannten **Schulkindergruppen** zu initiieren, in denen die Kompetenzen zusätzlich gefördert werden, die Kinder für die Schule benötigen.

Für den Übergang in eine neue Umgebung und für das zukünftige schulische Lernen benötigen Kinder soziale sowie kognitive Kompetenzen. Dazu gehören:

- **Sozialkompetenzen:** z. B. mit anderen interagieren; sich abwechseln, zuhören, kooperieren
- **Ich-Kompetenzen:** das bedeutet, dass das Kind weiß, wer es ist und was es kann
- **Lernkompetenzen:** dazu zählt das Wissen, wie ich ein Ziel erreichen kann und welche Strategien dafür hilfreich sind

Abb.: © Kzenon - stock.adobe.com

Erfahrungen sammeln in der Gruppe

Diese Erfahrungen lassen sich am besten in der Gruppe der **Gleichaltrigen** machen. Da viele Kinder auf einem ähnlichen Entwicklungsstand sind und die **gleiche Entwicklungsaufgabe** zu bewältigen haben, können sie dies gemeinsam tun.

Die **temporären Angebote** in den Schulkindergruppen bieten ein **Übungsfeld** und bereiten auf die meist altershomogenen Strukturen in den Grundschulen vor. Mit Eintritt in die Grundschule nimmt die **Bedeutung der Peergroup** für die Kinder signifikant zu, während die **Co-Regulation** durch die pädagogischen Fach- und Lehrkräfte beständig abnimmt.

Der Übergang in die Grundschule wird zunächst durch die Kooperation zwischen Kinderbetreuung und Schule vorbereitet und begleitet, indem

- im Einzelfall Lehrkräfte in der Kinderbetreuung hospitieren und mit den Kindern ins Gespräch kommen und
- die angehenden Schulkinder am Unterricht in der Schule teilnehmen können.

Die Peergroup gibt Halt und Sicherheit

Sobald die Schule beginnt, sind die Kinder auf sich gestellt. Anders als bei dem ersten Übergang in die Kinderbetreuung begleiten die Eltern die Kinder nicht über einen längeren Zeitraum. Nach einer Willkommensfeier heißt es für alle Kinder, **selbstständig** mit der Lehrkraft in den Klassenraum zu gehen.

Hier bekommt die Peergroup einen besonderen Stellenwert. Oftmals gehen **Kinder aus einer Kindergartengruppe in die gleiche Klasse**. Bei näherer Betrachtung ist das sehr wichtig und wertvoll. Ähnlich wie in der Peergroup-Eingewöhnung hat die Anwesenheit der vertrauten Kinder eine **beruhigende Wirkung** auf das einzelne Kind. Es weiß, dass es in dieser Situation nicht allein ist, sondern dass die anderen Kinder, die ihm bekannt sind, gerade dieselbe Herausforderung meistern. Den Kindern tut es gut, sich **gegenseitig** zu **unterstützen** und füreinander da zu sein. Es erleichtert ihnen den Umgang mit der Situation, wenn sie sehen, dass andere Kinder vielleicht auch traurig sind. Manche Kinder werden möglicherweise zu **Vorbildern**, weil sie vormachen, welche Bewältigungsstrategien ihnen zur Verfügung stehen.

Einige Schulen trennen Kinder aus einer Kindergartengruppe bewusst mit dem Argument, dass Kinder, die sich bereits kennen, sich gegenseitig vom Lernen ablenken. Dies ist meines Erachtens jedoch gegen jegliche kindliche bzw. menschliche Natur. **Erst wenn ein Kind emotional sicher ist, kann es gut lernen.** In der neuen Situation in der Schule tragen die vertrauten Kinder aus der Kinderbetreuung zu dieser emotionalen Sicherheit bei, was nicht ausschließt, dass sich nach ein paar Wochen die bisherigen Freundschaftsbeziehungen noch einmal verändern.

Wiedereingewöhnung – Elternfragebogen (1/2)

Name des Kindes: .... Datum: ....

- Wie haben Sie und Ihr Kind die letzten Wochen erlebt?
- Wie haben Sie und Ihr Kind die Zeit miteinander verbracht?
- Weiß Ihr Kind, warum es nicht in die Kita kommen konnte?
- Haben Sie mit Ihrem Kind über die Geschehnisse gesprochen? Was weiß Ihr Kind darüber?
- Äußert oder zeigt Ihr Kind Ängste, die mit den Geschehnissen in Verbindung stehen?
- Haben Sie an Ihrem Kind Verhaltensänderungen beobachtet, die für uns wichtig sein könnten?
- Welche Entwicklungsschritte hat Ihr Kind in den letzten Wochen gemacht? Was hat es dazugelernt?
- Freut sich Ihr Kind darauf, wieder in die Kita zu kommen?
- Worauf freut sich Ihr Kind am meisten?
- Wie, vermuten Sie, wird sich Ihr Kind bei der Trennung verhalten?
- Welche neuen Rituale können wir gemeinsam finden, um die Verabschiedung in der veränderten Bringsituation zu gestalten?
- Welches Übergangsobjekt kann dieses Ritual unterstützen?
- Gibt es sonst noch etwas, das wir wissen sollten?

....

....

....

....

....

....

....

....

Wiedereingewöhnung – Elternfragebogen (2/2)

....

....

....

....

....

....

....

....

....

....

....

....

....

....

....

....

....

....

....

....

....

....

EINIGE **WORTE** ZUM **SCHLUSS**

© Sokolova Maryna – Shutterstock.com

Eine gelungene Eingewöhnung ist die Grundlage für alle weiteren Entwicklungs- und Bildungsprozesse eines Kindes. Nur ein Kind, das sich sicher und wohlfühlt, kann bestmöglich von dem Bildungsangebot einer institutionellen Kinderbetreuung profitieren.

Die Peergroup- Eingewöhnung bietet ähnlich wie andere Modelle viele gute Voraussetzungen, damit Kinder in der Kinderbetreuung gut ankommen. Gleichzeitig sollten die sich in der Praxis ergebenden Grenzen nicht übersehen, sondern konstruktiv angegangen werden.

Chancen und Grenzen der Peergroup-Eingewöhnung

Die Chancen der Peergroup-Eingewöhnung

Eine große Chance sehe ich bei der Peergroup-Eingewöhnung darin, dass die Kinder in einem **geschützten, überschaubaren Rahmen** und nicht direkt in der Gesamtgruppe ankommen können. Das erleichtert die Orientierung.

Sie können direkt in den **Spielkontakt** mit den anderen Kindern kommen, da sie die **Peerbeziehungen** auch in der fremden Situation als **wichtig** und **tragend** anerkennen. Das kann vor allem Kindern mit anderem kulturellem Hintergrund helfen.

Die Tatsache, dass zwei Fachkräfte die Eingewöhnung begleiten, wird dem Bild vom kompetenten und eigenständigen Kind gerecht, das sich seine **Beziehungsperson** eigenständig **wählen** kann.

Die veränderte **Rolle**, die die Fachkräfte bei der Eingewöhnung spielen, erfordert einen erhöhten Reflexionsbedarf. Dadurch kann die Gefahr, dass eine Fachkraft ein Kind so an sich bindet, dass es kaum Chancen hat, Kontakt zu anderen Kindern aufzunehmen, weitestgehend minimiert werden.

Die **Präsenz** der eingewöhnungsbegleitenden Fachkräfte bildet trotz allem eine wesentliche Grundlage dafür, dass die Kinder sich sicher fühlen können und miteinander in Kontakt kommen.

Die Erfahrungen aus der Praxis zeigen, dass die Kinder in der Peergroup ein **Grundvertrauen** aufbauen, das nicht zwangsläufig von der Anwesenheit einer bestimmten Fachkraft abhängig ist. Wichtig ist, dass jemand da ist, der das Kind in einer Stresssituation regulierend begleitet.

Chancen und Grenzen der Peergroup-Eingewöhnung

Dadurch erleben Kinder die **Abwesenheit einer Fachkraft** aufgrund Krankheit, Fortbildung oder Urlaub oftmals unkomplizierter, da den Kindern zunächst einmal wichtig ist, dass jemand da ist, aber nicht unbedingt, wer.

Zudem berichten Fachkräfte, dass **Konkurrenzdenken** und **Eifersuchtsäußerungen** gegenüber Kindern, die nach einer Peergroup-Eingewöhnung neu dazukommen, bei den Kindern, die bereits da sind, **seltener** auftreten.

Viele Fachkräfte und Eltern beschreiben die Eingewöhnung als **stressfreier** und **ruhiger**. Im Durchschnitt weinen die Kinder weniger und es gibt weniger Ablöseschwierigkeiten.

Die Grenzen der Peergroup-Eingewöhnung berücksichtigen

Trotzdem muss die Umsetzung der Peergroup-Eingewöhnung gut durchdacht und geplant werden. Es sollten **ausreichend Räume** vorhanden sein und es bedarf einer gewissen **Personalkapazität** während des Eingewöhnungsprozesses, um auf die individuellen Bedürfnisse von Kindern und Eltern eingehen zu können. Daher sollte das ganze Team von Anfang an in die Planung einbezogen werden.

Wenn ein Kind während der Eingewöhnung erkrankt oder aus bestimmten Gründen einzeln unterjährig aufgenommen wird, funktioniert die Peergroup-Eingewöhnung nicht. Für diese Fälle braucht die Einrichtung immer einen sogenannten **Plan B**, der die Anwendung eines der anderen Eingewöhnungsmodelle ermöglicht. Einrichtungen müssen in solchen Fällen **flexibel, kreativ** und **erfinderisch** sein.

Qualität vor Quantität

Besonders wichtig ist es mir, zu betonen, dass die **Peergroup-Eingewöhnung** von den Trägern **nicht als effizientes Kosten-Nutzen-Modell missverstanden** werden darf. Nur weil mehrere Kinder gleichzeitig eingewöhnt werden, beschleunigt sich die Eingewöhnung nicht unweigerlich. Im Vordergrund steht immer die **Qualität, nicht die Quantität**. Es geht darum, dass sich die Kinder während dieser wichtigen Transition sicher und wohlfühlen. Dabei spielt die Peergroup wissenschaftlich betrachtet eine große Rolle und kann diesen Übergang erleichtern. Das höchste Ziel der Peergroup-Eingewöhnung ist, dass es dem einzelnen Kind so gut geht, dass es den Übergang gut bewältigt und dass auch die Eltern mit Vertrauen loslassen können. Dass der gesamte Eingewöhnungsprozess gegebenenfalls schneller abgeschlossen ist, ist lediglich ein willkommener Nebeneffekt.

Alles in allem überwiegen aus meiner Sicht die Chancen und Vorteile, die für die Peergroup-Eingewöhnung sprechen. Darum lohnt es sich, sich als Team gemeinsam mit den Kindern und Bindungspersonen auf den Weg zu machen.

Literaturverzeichnis

Cantzler, Anja:
Eingewöhnung von Kita-Kindern
Cornelsen: Berlin 2018.
ISBN 978-3-834-65165-5

Dintsioudi, Anna:
Eingewöhnung in Kita und Krippe kultursensitiv gestalten.
In: KiTa aktuell. Fachzeitschrift für Leitungen, Fachkräfte und Träger der Kindertagesbetreuung, Ausgabe 10 (Ausgabe Nord), 2016, S. 203–205.

Dreyer, Rahel:
Eingewöhnung und Beziehungsaufbau in Krippe und Kita. Modelle Rahmenbedingungen für einen gelungenen Start.
Herder: Freiburg im Breisgau 2017.
ISBN 978-3-451-32544-1

Evanschitzky, Petra; Zöller, Sylvia:
Besser eingewöhnen! Fortschritt und Entwicklung im Münchener Modell.
verlag das netz: Weimar 2021.
ISBN 978-3-86892-171-7

Fink, Heike:
Die Eingewöhnung in der Peer – Das Tübinger Modell.
In: Kita-Fachtexte 2, 2022,
Link: https://nbn-resolving.org/urn:nbn:de:kobv:b1533-opus-4860
und www.kita-fachtexte.de/de/fachtexte-finden/die-eingewoehnung-in-der-peer-das-tuebinger-modell (aufgerufen am 28.04.2022).

Fischer, Gottfried; Riedesser, Peter:
Lehrbuch der Psychotraumatologie.
Reinhardt: München und Basel 1999.
ISBN 978-3-4970-1336-4

Griebel, Wilfried; Niesel, Renate:
Die Bewältigung von Übergängen zwischen Familie und Bildungseinrichtungen als Co-Konstruktion aller Beteiligten.
In: Das Kita-Handbuch 2005,
Link: https://www.kindergartenpaedagogik.de/fachartikel/gestaltung-von-uebergaengen/uebergang-von-der-familie-in-die-tagesbetreuung/1220/
(aufgerufen am 15.3.2022).

Literaturverzeichnis

Grossman, Klaus Erwin u. a.:
Die Bindungstheorie: Modell, entwicklungspsychologische Forschung und Ergebnisse.
In: Keller, Heidi (Hrsg.): Handbuch der Kleinkindforschung,
Huber: Bern u. a., 3. Auflage 2003, S. 223–283.
ISBN 978-3-456-83829-8

Gutknecht, Dorothee; Kramer, Maren:
Mikrotransitionen in der Kinderkrippe. Übergänge im Tagesablauf achtsam gestalten.
Herder: Freiburg im Breisgau 2018.
ISBN 978-3-451-37550-7

Haug-Schnabel, Gabriele; Bensel Joachim:
Kinder unter drei: ihre Entwicklung verstehen und begleiten.
Herder: Freiburg im Breisgau 2010.
ISBN 978-3-451-00306-6

Hummel, Inke:
Mein wunderbares schüchternes Kind: Mut machen, Selbstvertrauen stärken, liebevoll begleiten.
Die besten Strategien für alle typischen Situationen.
Humboldt: Hannover 2021.
ISBN 978-3-8426-1647-9

Hummel, Inke:
Mein wunderbares wildes Kind: Zu laut, zu unbequem, zu anders.
Was lebhafte Kinder und ihre Eltern brauchen.
Humboldt: Hannover 2021.
ISBN 978-3-8426-1656-1

Köckenberger, Helmut:
Kinder müssen sich bewegen. Spielend lernen und wachsen.
Urania-Ravensburger: Berlin 1999.
ISBN 978-3-332-01033-6

Powell, Bert; Cooper, Glen; Hoffman, Kent; Marvin, Bob:
Der Kreis der Sicherheit. Die klinische Nutzung der Bindungstheorie.
Probst: Lichtenau 2015.
ISBN 978-3-944476-11-7

Scherwath, Corinna:
Liebe lässt Gehirne wachsen. Wie Bindungsbeziehungen Kinder in ihrer Entwicklung stärken.
Ratgeber für Erzieher und Erzieherinnen in Krippe, Kita und Ganztag.
Cornelsen bei Verlag an der Ruhr: Mülheim an der Ruhr 2021.
ISBN 978-3-8346-5274-4

Literaturverzeichnis

Thon, Steffi:
Bindung und Beziehung.
AV1 Pädagogik-Filme, 2017.

von Salisch, Maria:
Zum Einfluss von Gleichaltrigen (Peers) und Freunden auf die Persönlichkeitsentwicklung.
In: Amelang, Manfred (Hrsg.): Enzyklopädie der Psychologie. Themenbereich C: Theorie und Forschung.
Serie 8: Differentielle Psychologie und Persönlichkeitsforschung.
Bd. 4: Determinanten individueller Unterschiede.
Hogrefe: Göttingen 2000, S. 345–405.
ISBN 978-3-8017-0534-3

Weberling, Birgit:
Kultursensitivität als Grundlage pädagogischen Handelns – vom Verstehen unterschiedlicher Kulturen.
2015.
Link: www.kita-fachtexte.de/fileadmin/Redaktion/Publikationen/KiTaFT_Weberling_Kultursensitivitaet_2015.pdf
(aufgerufen am 24.4.2022)

Winner, A. (03.2015):
Das Münchener Eingewöhnungsmodell – Theorie und Praxis der Gestaltung des Übergangs von der Familie in die Kindertagesstätten.
Link: www.kita-fachtexte.de/de/fachtexte-finden/das-muenchener-eingewoehnungsmodell-theorie-und-praxis-der-gestaltung-des-uebergangs-von-der-familie-in-die-kindertagesstaette
(aufgerufen am 17.06.2025)

Wüstenberg, Wiebke:
Betroffen ist nicht nur die U3-Fachkraft! Die Aufnahme von Kindern unter drei ist Sache des gesamten Teams.
In: das Leitungsheft – kindergarten heute, Ausgabe 3, 2010, S.18–22.

Wüstenberg, Wiebke; Schneider, Kornelia:
Ich-Du-Wir. Wie Kinder in den ersten drei Lebensjahren ihre Beziehungen miteinander gestalten. Erkenntnisse aus Forschung und Praxis.
WAmiKi: Berlin, 2., vollständig überarbeitete und erweiterte Auflage 2021.
ISBN 978-3-96791-006-3